Addieren und Subtrahieren

1 **a)** 32 + 45 = ▢▢ **b)** 28 + 19 = ▢▢

18 + 52 = ▢▢ 16 + 27 = ▢▢

27 + 31 = ▢▢ 25 + 38 = ▢▢

68 + 11 = ▢▢ 63 + 31 = ▢▢

56 + 23 = ▢▢ 39 + 22 = ▢▢

43 47 58 61 63 70 77 79 79 94

2 **a)** 36 − 13 = ▢▢ **b)** 61 − 42 = ▢▢

28 − 14 = ▢▢ 82 − 16 = ▢▢

55 − 22 = ▢▢ 75 − 38 = ▢▢

38 − 16 = ▢▢ 32 − 19 = ▢▢

34 − 23 = ▢▢ 41 − 25 = ▢▢

11 13 14 16 19 22 23 33 37 66

3 **a)**

+	13	9	27	51	38
35					
26					

35 39 44 48 53 62 64 73 77 86

b)

−	14	41	36	53	22
83					
92					

30 39 42 47 51 56 61 69 70 78

4 **a)**

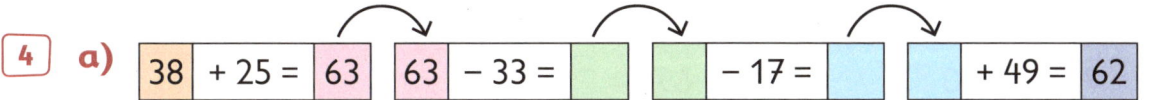

38 | + 25 = 63 → 63 | − 33 = ▢ → ▢ | − 17 = ▢ → ▢ | + 49 = 62

b)

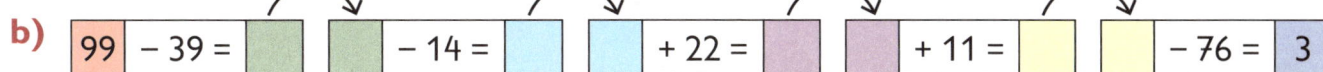

99 | − 39 = ▢ → ▢ | − 14 = ▢ → ▢ | + 22 = ▢ → ▢ | + 11 = ▢ → ▢ | − 76 = 3

5 **a)**

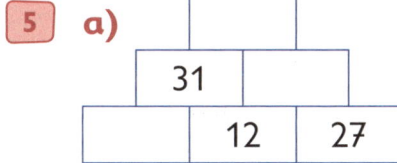

```
      ▢
  31    ▢
 ▢   12   27
```

b)

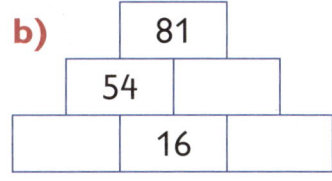

```
    81
  54   ▢
 ▢   16   ▢
```

c)

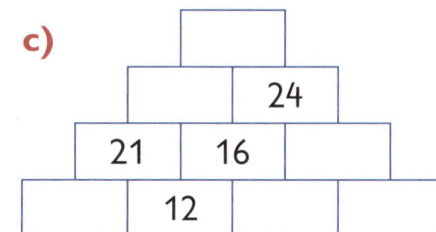

```
       ▢
    ▢    24
  ▢   21   16
 ▢   12   ▢
```

6 Setze fort.

a)

3	6	12	▢	▢	▢	192

b)

100	85	70	▢	▢	▢	▢

7

1	4	8	▢	▢	▢	▢

: −
+ :

1 Wahr **w** oder falsch **f** ? Schreibe die richtige Lösung dahinter.

a) 73 − 54 = 19

  57 + 25 = 92

  82 − 34 = 48

  56 + 24 = 90

b) 53 + 24 = 87

  94 − 28 = 66

  76 − 57 = 19

  22 + 49 = 71

c) 34 + 56 = 100

  100 − 59 = 41

  96 + 0 =   0

  65 − 65 =   1

2 Vervollständige die Aufgabenfolgen und löse die Aufgaben.

a) 25 + 11 =

  25 + 21 =

  25 + 31 =

  ___ + ___ =

  ___ + ___ =

b)   5 + 17 =

  15 + 22 =

  25 + 27 =

  ___ + ___ =

  ___ + ___ =

c) 36 − 18 =

  38 − 18 =

  40 − 18 =

  ___ − ___ =

  ___ − ___ =

3 **a)** 38 + ___ = 100

  ___ + 24 = 100

  89 + ___ = 100

  ___ + 71 = 100

b) 100 − ___ = 69

  100 − 87 = ___

  100 − ___ = 42

  100 − 69 = ___

c) ___ − 26 = 26

  ___ − 36 = 26

  ___ − 46 = 26

  ___ − 56 = 26

4 **a)**

	92	
56		
	18	

b)

46		
	19	24

c)

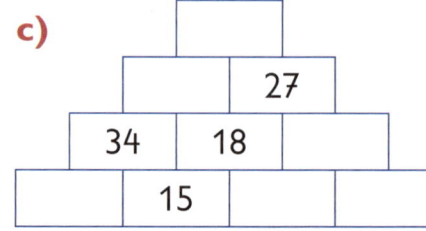

5 **a)**

24 → + 27 → ___ → + 19 → ___ → + 35 → ___ → − 47 → ___ → − 28 → 30

b)

93 → − 25 → ___ → − 19 → ___ → − 26 → ___ → + 48 → ___ → + 29 → 100

c)

56 → + 36 → ___ → − 44 → ___ → + 36 → ___ → − 27 → ___ → − 37 → 20

6 Zahlenrätsel
Meine Zahl ist kleiner als die Differenz aus 92 und 35 und größer als die Summe aus den Zahlen 26 und 29.

1: Lösungen auf wahr oder falsch überprüfen und korrigieren   2: Aufgabenfolgen fortsetzen und lösen
3: Addieren und Subtrahieren   4: Rechenmauern   5: Kettenaufgaben lösen   6: Zahlenrätsel lösen   **SB** 4−7 **TÜ** 1−2

Multiplizieren und Dividieren

1 **a)** $3 \cdot 6 =$ ⬜⬜
$7 \cdot 2 =$ ⬜⬜
$4 \cdot 5 =$ ⬜⬜
$2 \cdot 8 =$ ⬜⬜

b) $9 \cdot 3 =$ ⬜⬜
$5 \cdot 6 =$ ⬜⬜
$8 \cdot 7 =$ ⬜⬜
$5 \cdot 10 =$ ⬜⬜

2 **a)** $16 : 4 =$ ⬜
$21 : 3 =$ ⬜
$35 : 7 =$ ⬜
$18 : 2 =$ ⬜

b) $40 : 5 =$ ⬜
$63 : 9 =$ ⬜
$72 : 8 =$ ⬜
$36 : 4 =$ ⬜

3 **a)** $\cdot 3$

5	
8	
	12
	18

b) $\cdot 9$

3	
7	
	36
	81

c) $: 4$

40	
32	
	5
	7

d) $: 7$

49	
28	
	6
	8

4 **a)**

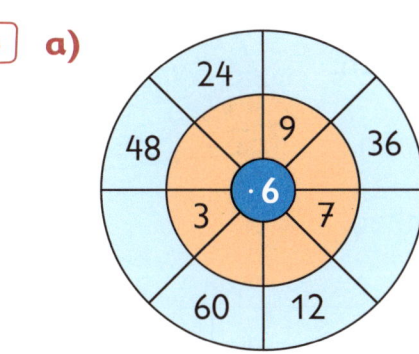

b)

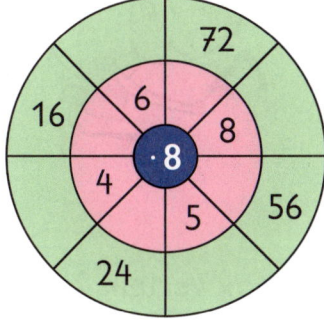

5 Finde zu den Würfelbauten eine passende Multiplikationsaufgabe.

a)

⬜ $\cdot$ ⬜ $=$ ⬜

b)

⬜ $\cdot$ ⬜ $=$ ⬜

c)

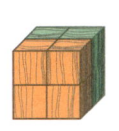

⬜ $\cdot$ ⬜ $=$ ⬜

d)

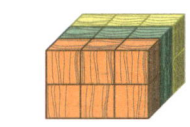

⬜ $\cdot$ ⬜ $=$ ⬜⬜

6 **a)** $8 = 4 \cdot$ ⬜
$12 = 2 \cdot$ ⬜
$24 = 6 \cdot$ ⬜

b) $36 =$ ⬜ $\cdot 4$
$27 =$ ⬜ $\cdot 3$
$32 =$ ⬜ $\cdot 8$

c) $28 =$ ⬜ $\cdot 7$
$81 = 9 \cdot$ ⬜
$42 =$ ⬜ $\cdot 6$

d) $15 =$ ⬜ $\cdot 3$
$72 = 9 \cdot$ ⬜
$56 =$ ⬜ $\cdot 8$

7 Die Maus hat Löcher in den Käse gefressen. Finde die fehlenden Zahlen.

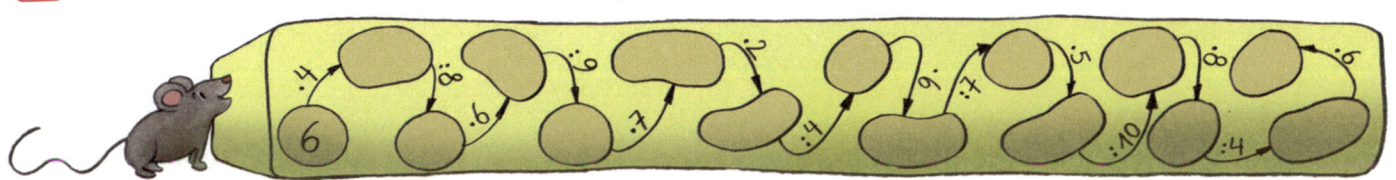

1

·	3		9	4	8
5		30			
9					

:	4	2		1	16
32					
16			2		

2

21 : 4 = 5 Rest 1 , denn 5 · 4 = 20 und 20 + 1 = 21

22 : 3 = ☐ Rest ☐ , denn _____

25 : 6 = ☐ Rest ☐ , denn _____

36 : 8 = ☐ Rest ☐ , denn _____

39 : 4 = ☐ Rest ☐ , denn _____

3

Eine Woche hat 7 Tage.

Vier Wochen haben ☐☐ Tage.

Sieben Wochen haben ☐☐ Tage.

Neun Wochen haben ☐☐ Tage.

Achtundzwanzig Tage sind ☐ Wochen.

Zweiundvierzig Tage sind ☐ Wochen.

Sechsundfünfzig Tage sind ☐ Wochen.

4 Max verteilt 24 Bonbons gerecht an 6 Kinder.

Frage: _____

_____

Aufgabe: ☐☐☐☐☐☐☐☐☐☐☐☐☐☐☐☐

Antwort: _____

_____

5

3	·		=	24
·		:		:
	·	2	=	8
=		=		=
	:		=	

6 Vervollständige zu Quadraten. Schreibe die Multiplikationsaufgabe darunter.

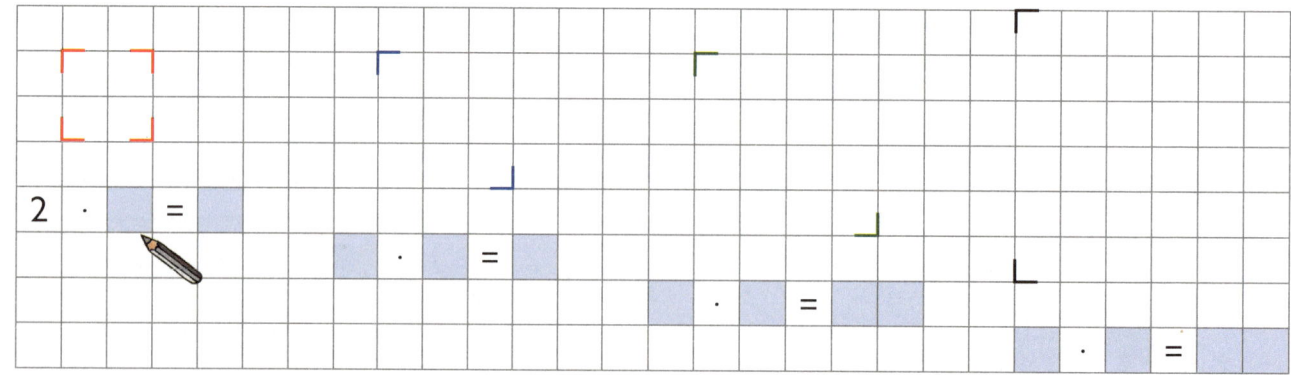

2 · ☐ = ☐

☐ · ☐ = ☐

☐ · ☐ = ☐

☐ · ☐ = ☐

1: Multiplizieren und Dividieren in Tabellen   2: Dividieren mit Rest   3: Umrechnen   4: Frage finden, Aufgabe lösen und beantworten   5: Zahlenrätsel   6: Multiplikationsaufgaben finden und lösen

Addieren, Subtrahieren, Multiplizieren und Dividieren

1 Addieren oder subtrahieren?

a)

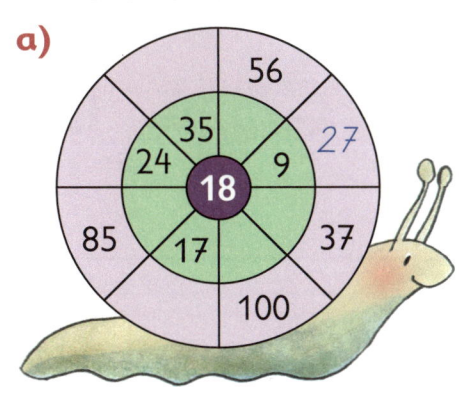

b)

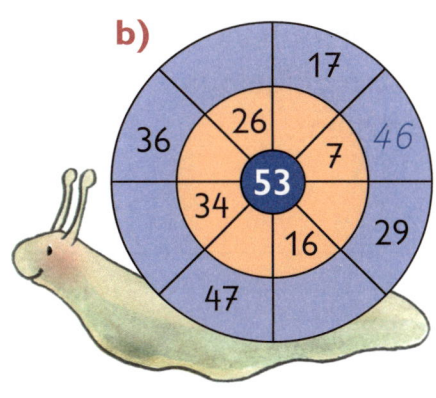

2

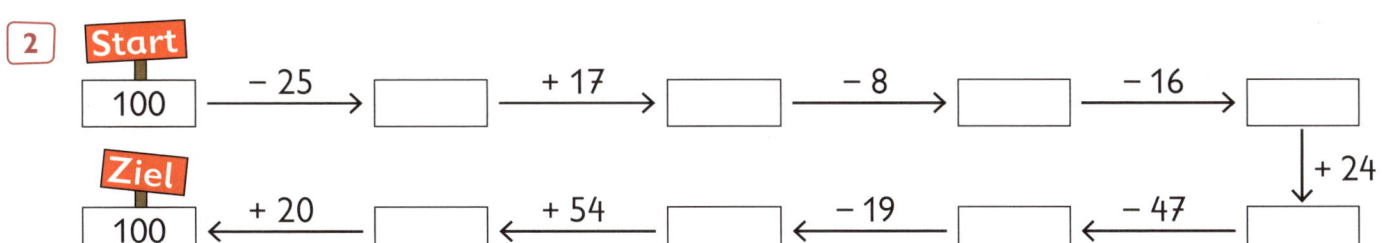

Start

| 100 | $\xrightarrow{-25}$ | | $\xrightarrow{+17}$ | | $\xrightarrow{-8}$ | | $\xrightarrow{-16}$ | |

$\downarrow +24$

Ziel

| 100 | $\xleftarrow{+20}$ | | $\xleftarrow{+54}$ | | $\xleftarrow{-19}$ | | $\xleftarrow{-47}$ | |

3
a)
$3 \cdot 9 = $
$6 \cdot 7 = $
$8 \cdot 5 = $
$6 \cdot 6 = $
$2 \cdot 8 = $

b)
$4 \cdot \quad = 24$
$8 \cdot \quad = 48$
$7 \cdot \quad = 28$
$\quad \cdot \quad = 64$
$\quad \cdot \quad = 25$

4
a)
$32 : 8 = $
$45 : 9 = $
$63 : 7 = $
$72 : 9 = $
$42 : 6 = $

b)
$64 : \quad = 8$
$21 : \quad = 3$
$56 : \quad = 8$
$81 : \quad = $
$49 : \quad = $

5 Finde die fehlenden Zahlen in den Einmaleins-Schlangen.

a)

b)

c)

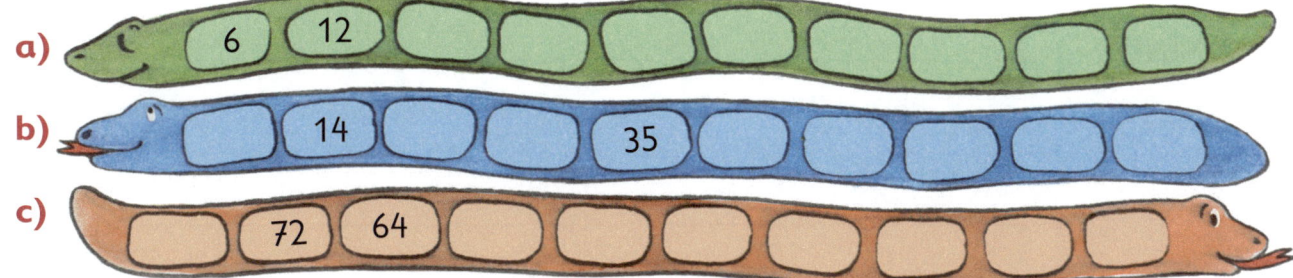

6 Eine große Sportgerätefirma spendet drei Grundschulen insgesamt 27 Hüpfsäcke, 36 Bälle und 42 Reifen. Jede Schule bekommt gleich viele Sportgeräte.

Frage: _____

Aufgaben:

Antwort: _____

Sachaufgaben – Im Schulgarten

1 Tom und Ben helfen beim Aufladen der Kisten mit den gepflückten Äpfeln. Sie haben schon 18 Kisten aufgeladen. Insgesamt müssen 35 Kisten verladen werden.

Frage: _____

Aufgabe:

Antwort: _____

2 Für die Bepflanzung der Rabatten am Weg wurden Blumenzwiebeln angeliefert. In den Kartons waren Krokuszwiebeln für 36 Euro, Tulpenzwiebeln für 16 Euro und Osterglockenzwiebeln für 27 Euro.

Frage: _____

Aufgabe:

Antwort: _____

3 Lisa und Max stecken Tulpenzwiebeln. Sie legen 5 Reihen mit jeweils 8 Zwiebeln.

Frage: _____

Aufgabe:

Antwort: _____

4 Ben und Anna pflanzen insgesamt 56 Erdbeersetzlinge in 8 Reihen.

Frage: _____

Aufgabe:

Antwort: _____

Die Hunderterzahlen

1 **a)** Ordne. Beginne mit der kleinsten Zahl. **b)** Beginne mit der größten Zahl.

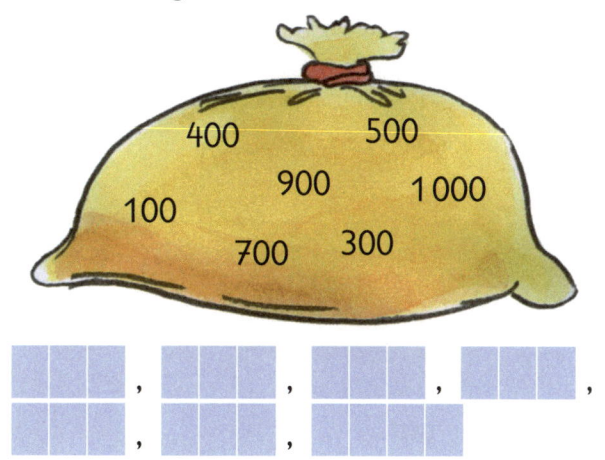

400   500   900   1000   100   700   300

500   800   400   700   100   0   300   200

⬜⬜⬜ , ⬜⬜⬜ , ⬜⬜⬜ , ⬜⬜ ,

⬜⬜⬜ , ⬜⬜ , ⬜⬜⬜

⬜⬜⬜ , ⬜⬜⬜ , ⬜⬜⬜ , ⬜⬜ ,

⬜⬜⬜ , ⬜⬜⬜ , ⬜⬜⬜ , ⬜⬜⬜

2 **a)** Schreibe als Zahlwort. **b)** Schreibe die Zahl.

100 _einhundert_ _____

200 _____ _____ fünfhundert

400 _____ _____ achthundert

1000 _____ _____ siebenhundert

_____ neunhundert

3 **a)**

Nachbar-hunderter	Zahl	Nachbar-hunderter
	300	
	700	
	500	

b)

Nachbar-hunderter	Zahl	Nachbar-hunderter
	600	
	800	
	900	

4 Nenne je zwei Hunderterzahlen, die zwischen den Zahlen liegen.

a) 200 und 600: ⬜⬜ , ⬜⬜

400 und 900: ⬜⬜ , ⬜⬜

100 und 700: ⬜⬜ , ⬜⬜

b) 300 und 1000: ⬜⬜ , ⬜⬜

400 und 800: ⬜⬜ , ⬜⬜

0 und 300: ⬜⬜ , ⬜⬜

Setze das richtige Zeichen: < oder > .

5 **a)** 200 ⬤ 100 **b)** 400 ⬤ 600 **c)** 500 ⬤ 300 **d)** 700 ⬤ 200

300 ⬤ 400   200 ⬤ 400   800 ⬤ 900   900 ⬤ 400

500 ⬤ 600   300 ⬤ 800   900 ⬤ 100   500 ⬤ 1000

1: Hunderterzahlen ordnen   2: Zahlwörter schreiben; Zahlen aus Zahlwörtern erlesen
3: Nachbarhunderter   4: Hunderterzahlen finden   5: Relationszeichen setzen

SB 18 **TÜ** 9   **7**

Die Zehnerzahlen

1   Zähle in Zehnerschritten und schreibe auf.

Ich gehe in Zehnerschritten.

a)   330 , ☐ , ☐ , ☐ , ☐ , ☐ , 390

b)   ☐ ,   490 , ☐ , ☐ , ☐ , 540

c)   870 , ☐ , ☐ , ☐ , ☐ , 930

d)   ☐ , ☐ ,   510 , ☐ , ☐ , 470

680   690

2   Schreibe die Zehnerzahl auf,

a) die zwischen 200 und 300 liegt und 4 Zehner hat.

b) die zwischen 500 und 600 liegt und 8 Zehner hat.

c) die zwischen 800 und 900 liegt und einen Zehner hat.

3

Nachbarzehner								
Zahl	340	580	230	620	740	470	800	950
Nachbarzehner								

4   Schreibe alle Zehnerzahlen in dein Heft, die zwischen den Zahlen liegen.

a) 320 und 380   **b)** 400 und 490   **c)** 830 und 900   **d)** 550 und 600

140 und 200   610 und 680   920 und 1 000   700 und 800

5   Setze das richtige Zeichen: < oder > .

a) 310 ● 290   **b)** 420 ● 410   **c)** 900 ● 890   **d)** 280 ● 240

540 ● 450   970 ● 790   710 ● 750   910 ● 970

6   Schreibe zu jeder Zahl das Zahlwort.

Du kannst im Wörterbuch nachsehen.

a)   450: _____

b)   230: _____

c)   510: _____

d)   660: _____

8

1: Zahlen aufschreiben   2 und 4: Gesuchte Zahlen notieren   3: Nachbarzehner bestimmen
5: Relationszeichen setzten   6: Zahlwörter schreiben   **SB** 19   **TÜ** 10

Alle Zahlen bis 1000

1 Ordne den Buchstaben die richtigen Zahlen zu.

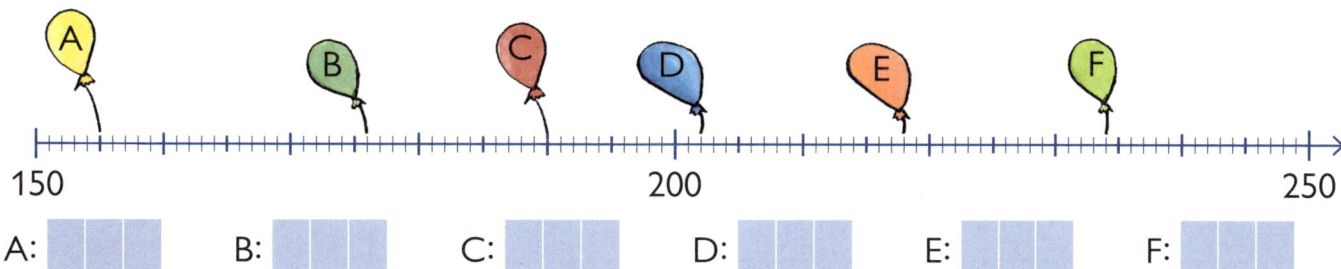

A: ⬜⬜⬜   B: ⬜⬜⬜   C: ⬜⬜⬜   D: ⬜⬜⬜   E: ⬜⬜⬜   F: ⬜⬜⬜

2 Schreibe die fehlenden Zahlen auf.

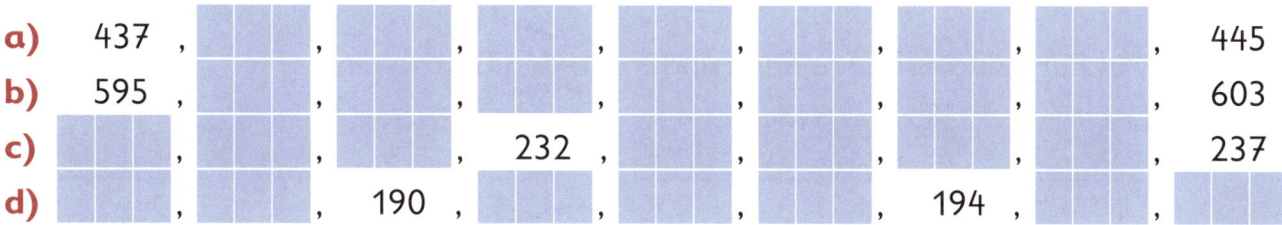

a) 437 , ⬜⬜ , ⬜⬜ , ⬜⬜ , ⬜⬜ , ⬜⬜ , ⬜⬜ , ⬜⬜ , 445

b) 595 , ⬜⬜ , ⬜⬜ , ⬜⬜ , ⬜⬜ , ⬜⬜ , ⬜⬜ , ⬜⬜ , 603

c) ⬜⬜ , ⬜⬜ , ⬜⬜ , 232 , ⬜⬜ , ⬜⬜ , ⬜⬜ , ⬜⬜ , 237

d) ⬜⬜ , ⬜⬜ , 190 , ⬜⬜ , ⬜⬜ , ⬜⬜ , 194 , ⬜⬜ , ⬜⬜

3 Schreibe das richtige Zahlwort zur Zahl.

a) 145: _____

b) 870: _____

c) 999: _____

d) 706: _____

> Mein Wörterbuch hilft mir dabei.

4 Ergänze den Vorgänger (V), die Zahl (Z) und den Nachfolger (N).

a)

V	Z	N
	108	
	300	
	701	

b)

V	Z	N
	400	
	666	
	99	

c)

V	Z	N
		601
		500
		778

d)

V	Z	N
223		
	801	
		924

5 Setze das richtige Zeichen: < oder > .

a) 188 ⬤ 200   b) 426 ⬤ 431   c) 578 ⬤ 587   d) 209 ⬤ 210

   337 ⬤ 373   602 ⬤ 610   749 ⬤ 649   187 ⬤ 157

6 Zahlen gesucht

a) Die Zahl ist der Vorgänger von 510. _____

b) Die Zahl ist der Nachfolger von 999. _____

7 Die Zahl ist der Vorgänger der Zahl, die als Nachfolger die Zahl 201 hat. ⬜⬜⬜

1: Zahlen erkennen   2: Zahlenfolgen vervollständigen   3: Zahlwörter schreiben
4: V, Z, N finden   5: Relationszeichen setzen   6 und 7: Zahlen finden

SB 20–23 **TÜ** 11–12   9

Geldwerte bis 1000 Euro

1 Lege 748 € auf unterschiedliche Weise. Trage jeweils die Anzahl der verwendeten Scheine und Münzen in die Tabelle ein.

500	200	100	50	20	10	5	1

2 Wie viel Euro sind es? Lege nach und trage den Betrag ein.

a)

100	50	10	5	1	Betrag
1	1	2	1	3	€
3	–	5	2	4	€
4	2	8	3	5	€
5	4	3	–	–	€

b)

200	100	50	20	2	1	Betrag
3	2	1	1	2	3	€
4	–	2	4	3	5	€
1	3	4	3	–	8	€
2	2	6	–	10	18	€

3

a)

1	10 ct	1 ct	Betrag
			2,13 €

b)

1	10	1 ct	Betrag
			€

c)

1	10	1 ct	Betrag
			€

4

a)

10	1	10	1 ct	Betrag
				€

b)

10	1	10	1 ct	Betrag
				€

c)

10	1	10	1 ct	Betrag
				€

5 Ergänze.

138 ct	312 ct			800 ct	
1 € 38 ct		4 € 25 ct	4 € 8 ct		
1,38 €		7,90 €			0,06 €

1: Geldbetrag auf unterschiedliche Weise legen   2: Geldbeträge bestimmen   3 und 4: Geldbeträge bestimmen und in Kommaschreibweise notieren   5: Geldbeträge in unterschiedlichen Schreibweisen angeben   **SB** 24–27 **TÜ** 13

1 **a)** Verlängere die Strecke $\overline{DE}$ um 45 mm. Benenne den neuen Endpunkt mit F.

b) Wie lang ist die Gesamtstrecke $\overline{DF}$?

$\overline{DF}$ = ▢▢ mm

c) Zeichne einen Punkt K, der zwischen D und E liegt, und einen Punkt L, der zwischen E und F liegt.

D

E

2 Verbinde die Punkte A, B, C und D so, dass ein Rechteck entsteht.
Gib die Länge der Rechteckseiten in Zentimeter an.
Färbe gleich lange Strecken in der gleichen Farbe.

D ✕

✕ C

A ✕

✕ B

$\overline{AB}$ = ▢ cm

_____ = ▢ cm

_____ = ▢ cm

_____ = ▢ cm

3 **a)** Zeichne eine Strecke $\overline{EF}$ = 12 cm.

b) Zeichne auf dieser Strecke einen Punkt M so ein, dass zwei Strecken $\overline{EM}$ und $\overline{MF}$ entstehen, die gleich lang sind.

c) Gib die Länge der Strecken in Millimeter an: $\overline{EM}$ = ▢▢ mm; $\overline{MF}$ = ▢▢ mm

4 Wie viele Strecken findest du an den Figuren?
Gib die Länge der Strecken in Millimeter an. Schreibe so: $\overline{FG}$ = ▢▢ mm

a)
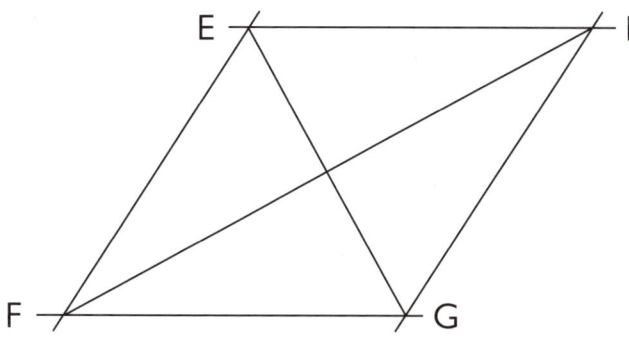

b)
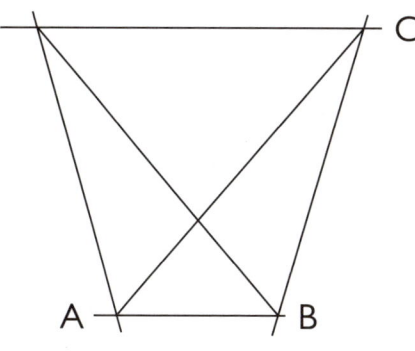

a) _____

b) _____

_____

Strecken, die zueinander parallel sind

1 Zeichne Strecken, die zueinander parallel sind, mit gleicher Farbe nach.

2 Zeichne zu jeder Strecke zwei parallele Strecken mit dem Geodreieck.

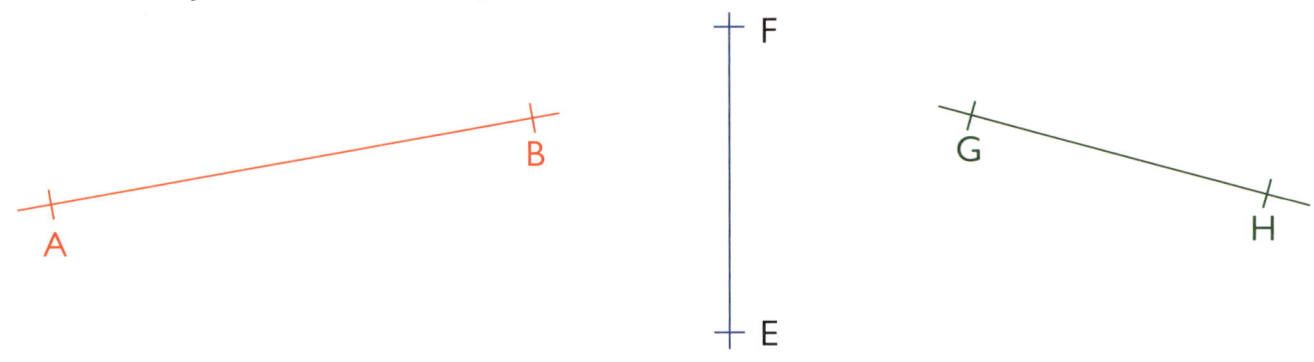

3 Zeichne das Spinnennetz weiter.

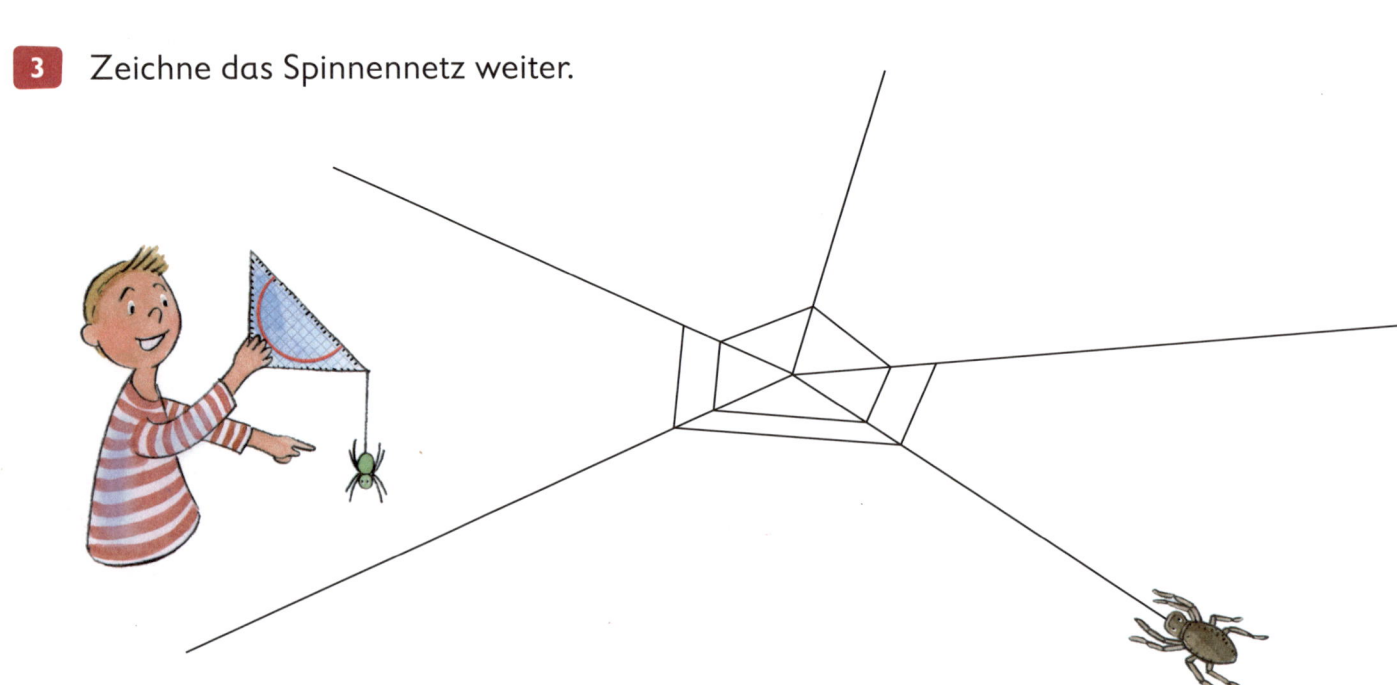

1: Parallele Strecken erkennen und nachziehen   2: Zu den gegebenen Strecken jeweils zwei parallele
Strecken zeichnen   3: Parallele Linien erkennen und zum Netz weiterführen

Strecken, die zueinander senkrecht sind

1 Zeichne zu jeder Strecke eine Strecke, die senkrecht zu dieser ist.

a)

b)

c)

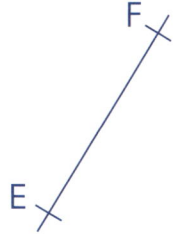

d)

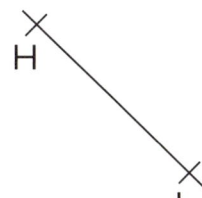

2 Welche Strecken sind senkrecht zueinander? Schreibe so: $\overline{AB}$ ist senkrecht zu _____.

a)

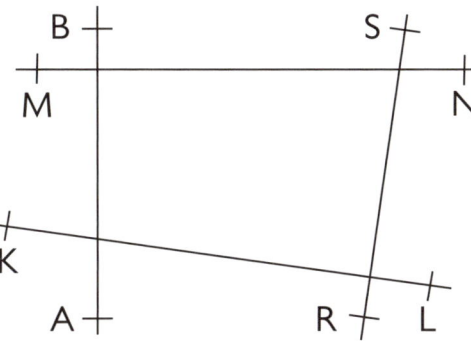

b)

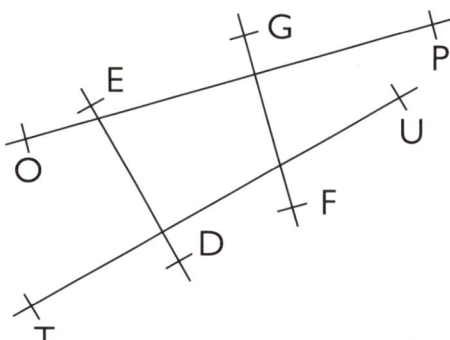

a) _____

b) _____

3 Überprüfe mit dem Geodreieck, welche Strecken zueinander senkrecht sind.
Färbe diese Strecken.

a)

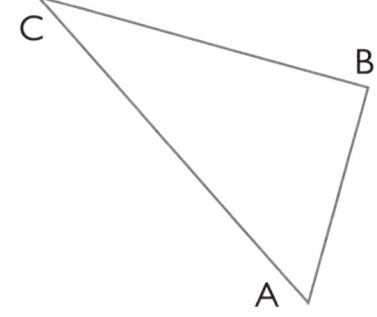

b)

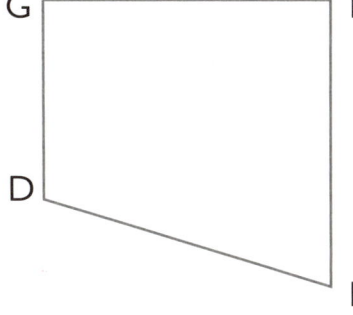

c)

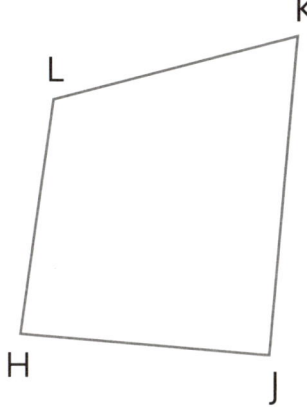

Addieren und Subtrahieren mit Hunderterzahlen

1 **a)** 200 + 600 = [ ][ ][ ]

800 + 100 = [ ][ ][ ]

300 + 300 = [ ][ ][ ]

400 + 600 = [ ][ ][ ]

b) 900 − 300 = [ ][ ][ ]

500 − 400 = [ ][ ][ ]

700 − 500 = [ ][ ][ ]

600 − 200 = [ ][ ][ ]

c) 300 + [ ][ ][ ] = 500

100 + [ ][ ][ ] = 900

[ ][ ][ ] − 200 = 600

[ ][ ][ ] − 800 = 200

2 **a)**

+	200	300	500
435	635	735	935
291	491	591	791

b)

−	400	600	100
888	488	288	788
622	222	22	522

3 Rechne und male die Felder unten mit den Ergebniszahlen aus.

444 − 200 = [ ][ ][ ]

791 + 200 = [ ][ ][ ]

827 − 200 − 100 = [ ][ ][ ]

567 + [ ][ ][ ] = 767

100 + 321 + 500 = [ ][ ][ ]

[ ][ ][ ] − 300 = 333

991 − 800 = [ ][ ][ ]

299 + [ ][ ][ ] = 999

200 + 331 + 400 = [ ][ ][ ]

882 − 600 − 100 = [ ][ ][ ]

[ ][ ][ ] + 500 = 885

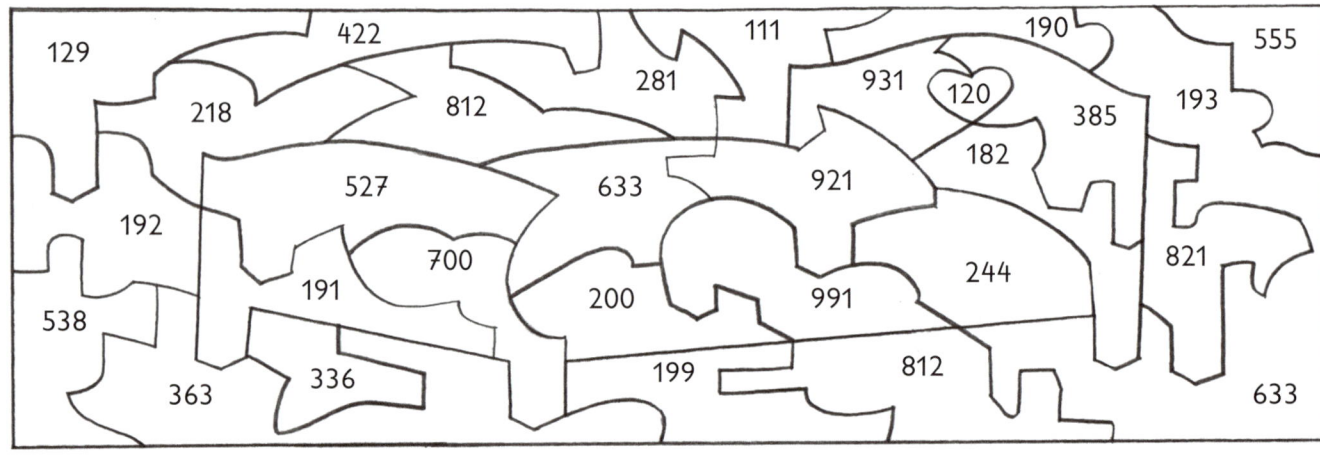

129 422 111 190 555
218 281 931 120 193
812 385
182
527 633 921
192
700 244 821
191 200 991
538
363 336 199 812 633

4 Schreibe die vollständige Aufgabe auf. Kreise dann die gesuchte Zahl ein.

Ich denke mir eine Zahl, addiere 400 und erhalte 765.

[ ][ ][ ][ ][ ][ ] = [ ][ ]

Ich subtrahiere 800 von meiner Zahl und erhalte 190.

[ ][ ][ ][ ][ ][ ] = [ ][ ]

Ich addiere zu meiner Zahl erst 300 und dann 200. Ich erhalte 765.

[ ][ ][ ][ ][ ][ ][ ][ ][ ][ ]

[ ][ ][ ][ ][ ][ ] = [ ][ ]

Addieren und Subtrahieren mit Zehnerzahlen und dreistelligen Zahlen

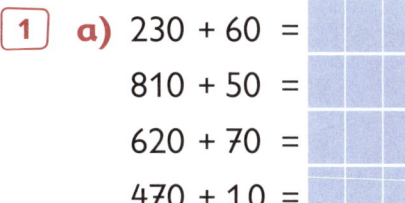

1

a)
230 + 60 = ▢
810 + 50 = ▢
620 + 70 = ▢
470 + 10 = ▢

b)
730 + 50 = ▢
450 + 20 = ▢
230 + 30 = ▢
950 + 40 = ▢

c)
780 + ▢ = 790
▢ + 40 = 150
920 + ▢ = 970
▢ + 50 = 380

10	50
110	260
290	330
470	480
690	780
860	990

2

a)
190 − 30 = ▢
460 − 30 = ▢
950 − 50 = ▢
350 − 20 = ▢

b)
680 − 40 = ▢
820 − 20 = ▢
540 − 10 = ▢
280 − 60 = ▢

c)
390 − ▢ = 320
▢ − 60 = 110
840 − ▢ = 820
▢ − 70 = 420

20	70
160	170
220	330
430	490
530	640
800	900

3 Unter welchen Bäumen suchen die Enten Schatten? Verbinde.

4

a)

+	40	60	
520			
432			482

b)

−	30		
390		350	
948			928

c)

−	80		
789		739	
	611		651

5

a)
122 ct + 40 ct = ▢ ct
▢ ct − 30 ct = 340 ct

c)
970 ct + 20 ct = ▢ ct
444 ct − ▢ ct = 404 ct

b)
980 m − 70 m = ▢ m
450 m − 40 m = ▢ m

d)
▢ m + 30 m = 770 m
654 m − ▢ m = 634 m

Addieren und Subtrahieren von Zehnern – Hunderterübergang

1 a) 480 + 30 = ▦   b) 670 + 50 = ▦   c) 560 + ▦ = 610

    330 + 80 = ▦   290 + 70 = ▦   ▦ + 20 = 810

    750 + 90 = ▦   390 + 90 = ▦   ▦ + 50 = 730

    570 + 70 = ▦   680 + 40 = ▦   450 + ▦ = 530

50	80
360	410
480	510
640	680
720	720
790	840

2 a) 340 − 60 = ▦   b) 220 − 90 = ▦   c) 730 − ▦ = 680

    710 − 40 = ▦   840 − 70 = ▦   ▦ − 20 = 290

    960 − 80 = ▦   430 − 60 = ▦   540 − ▦ = 480

    840 − 50 = ▦   510 − 90 = ▦   ▦ − 40 = 590

50	60
130	280
310	370
420	630
670	770
790	880

3 Rechne und färbe passend.

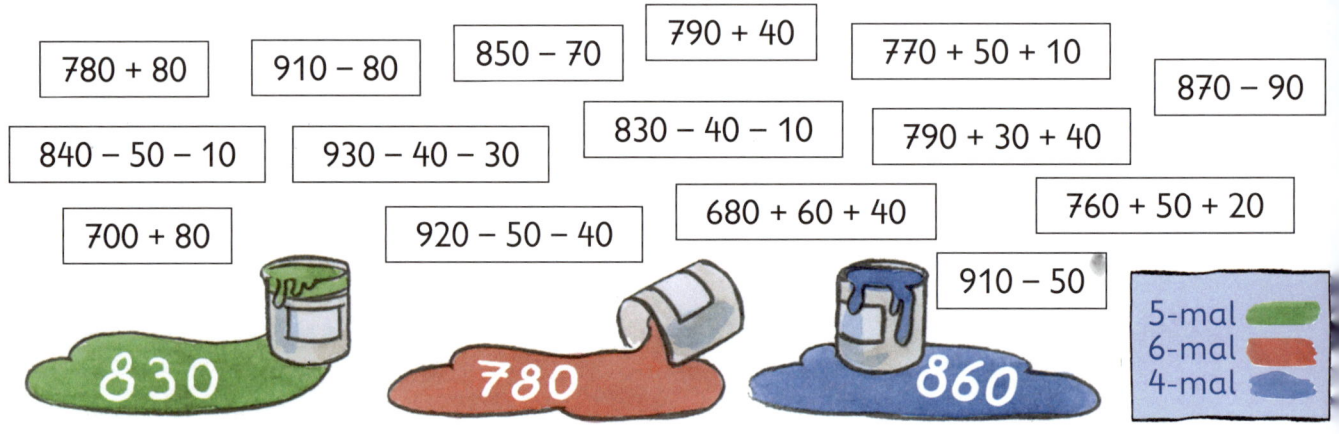

780 + 80   910 − 80   850 − 70   790 + 40   770 + 50 + 10   870 − 90

840 − 50 − 10   930 − 40 − 30   830 − 40 − 10   790 + 30 + 40

700 + 80   920 − 50 − 40   680 + 60 + 40   760 + 50 + 20   910 − 50

5-mal (grün)   6-mal (rot)   4-mal (blau)

4 a)

	970	
		90
790		

b)

	80	
490	60	

c)

	100	
130		
70		20

5

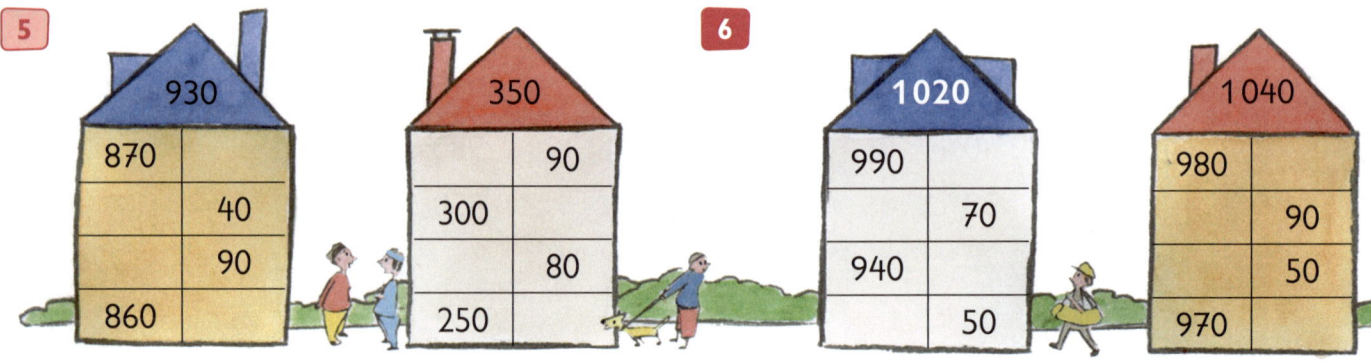

Haus 1: 930 / 870, 40, 90 / 860

Haus 2: 350 / 90, 300, 80 / 250

6

Haus 3: 1020 / 990, 70, 940 / 50

Haus 4: 1040 / 980, 90, 50 / 970

Addieren und Subtrahieren mit einstelligen und dreistelligen Zahlen

1 **a)** 895 + 6 = ⬚ **b)** 129 + 9 = ⬚ **c)** 557 + ⬚ = 564

472 + 9 = ⬚ 338 + 3 = ⬚ ⬚ + 6 = 233

284 + 7 = ⬚ 765 + 8 = ⬚ 988 + ⬚ = 997

166 + 8 = ⬚ 477 + 5 = ⬚ ⬚ + 4 = 322

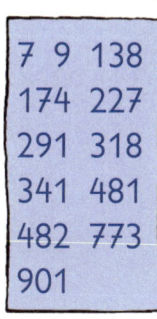

7 9 138
174 227
291 318
341 481
482 773
901

2

+	3	7	5	6	9
745					
		381			
597					
				194	

3

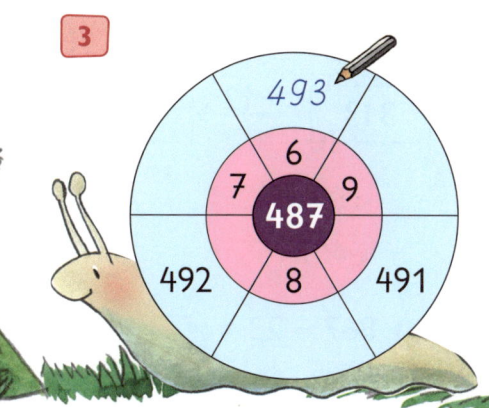

4 **a)** 143 − 6 = ⬚ **b)** 531 − 8 = ⬚ **c)** 392 − ⬚ = 388

785 − 9 = ⬚ 846 − 7 = ⬚ ⬚ − 6 = 727

532 − 4 = ⬚ 772 − 5 = ⬚ 244 − ⬚ = 235

926 − 8 = ⬚ 191 − 6 = ⬚ ⬚ − 4 = 879

4 9 137
185 523
528 733
767 776
839 883
918

5

−	7	8	6	4
433				
891				
	598			
				198

6

7 **a)**

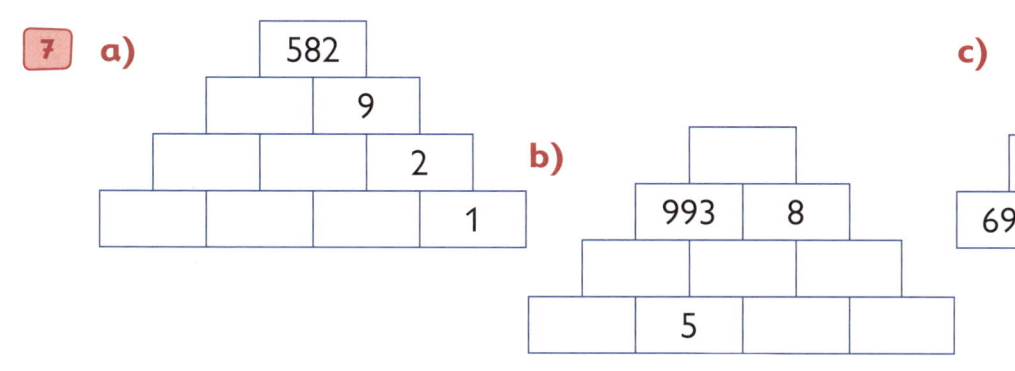

582

9

2

1

b)

993 8

5

c)

716

707

700

694

Addieren und Subtrahieren mit zweistelligen und dreistelligen Zahlen

1 **a)** 222 + 24 = **b)** 156 + 35 = **c)** 344 + 48 =

191	246
291	377
387	392
584	584
597	791
869	899

584 + 13 =   348 + 29 =   727 + 64 =

335 + 52 =   863 + 36 =   555 + 29 =

826 + 43 =   529 + 55 =   273 + 18 =

2 313 $\xrightarrow{+12}$ ☐ $\xrightarrow{+26}$ ☐ $\xrightarrow{+19}$ ☐ $\xrightarrow{+15}$ ☐ $\xrightarrow{+14}$ ☐

3 **a)** 867 − 23 =   **b)** 243 − 34 =   **c)** 752 − 19 =

209	218
231	328
335	437
509	528
622	727
733	844

489 − 52 =   348 − 13 =   537 − 28 =

668 − 46 =   555 − 27 =   391 − 63 =

274 − 43 =   762 − 35 =   253 − 35 =

4

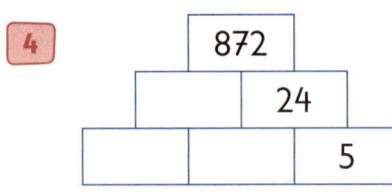

872 / 24 / 5

791 / 56 / 29

5

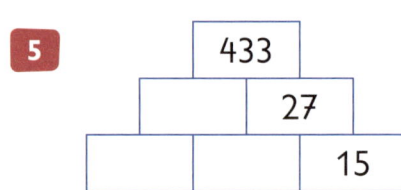

433 / 27 / 15

6 Rechne und färbe passend ein.

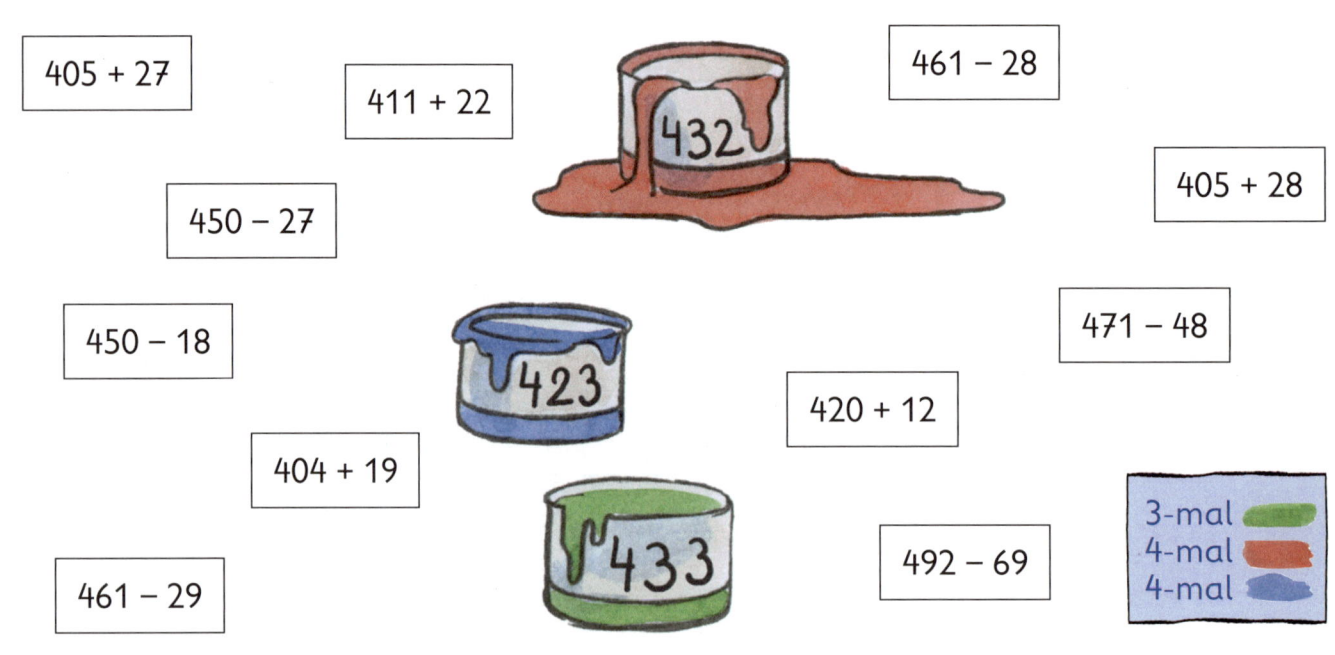

405 + 27

411 + 22

461 − 28

450 − 27

405 + 28

450 − 18

471 − 48

404 + 19

420 + 12

461 − 29

492 − 69

432 423 433

3-mal ▬
4-mal ▬
4-mal ▬

Addieren und Subtrahieren

1 | Welche Blätter gehören zu keinem der Bäume? Steiche sie durch.

949 + 34   925 + 68   490 − 58   409 + 23
957 + 36   **983**   1000 − 17   404 + 28   **432**   473 − 41
979 + 64   964 + 19   491 − 58   470 − 48
991 − 18   481 − 49   409 + 13
932 + 51

2 | Wahr w oder falsch f ? Berichtige.

a)
234 + 27 = 251
391 − 36 = 355
843 − 17 = 826
190 + 90 = 290

b)
333 + 49 = 382
194 − 37 = 167
280 + 70 = 250
573 − 28 = 545

3 |

a)

+	9		18	
275		300		
725				
572				585

b)

−	8		12	45
		388		
655		636		
471				

13 19 25 284 288 293 351 377 384 396 426 452 459 463
581 590 597 610 643 647 734 738 743 750

4 | Setze das richtige Zeichen: < = > .

a)
554 € + 29 € ◯ 584 €
319 € + 34 € ◯ 351 €
878 € + 14 € ◯ 892 €
424 € + 58 € ◯ 478 €

b)
456 m − 29 m ◯ 427 m
292 m − 18 m ◯ 274 m
374 m − 46 m ◯ 329 m
765 m − 37 m ◯ 716 m

c)
689 m ◯ 647 m + 32 m
567 m ◯ 599 m + 22 m
185 € ◯ 153 € + 42 €
783 € ◯ 721 € + 62 €

5 |
a) Ein Summand ist 247. Der andere Summand ist das Doppelte von 8. Berechne die Summe.

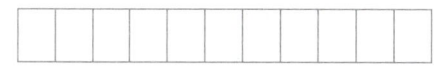

b) Die Summe ist 684. Ein Summand ist 29. Berechne den anderen Summanden.

c) Die Differenz ist 584. Der Subtrahend ist die Hälfte von 18. Berechne den Minuenden.

Sachaufgaben – Besondere Wörter

1 Frau Kluge kauft für ihren Sohn ein Mountainbike
für 348 Euro und einen Fahrradhelm für 36 Euro.
Wie viel muss sie insgesamt bezahlen?

Aufgabe:

Antwort: _____

2 Herr Menzel benötigt für die Renovierung
seiner Küche 485 Fliesen. 67 Fliesen hat er schon.
Wie viele Fliesen muss er noch kaufen?

Aufgabe:

Antwort: _____

3 Der Fußbodenleger verkürzt die 183 cm langen Fußbodenleisten um 25 cm.
Wie lang sind die Leisten dann noch?

Aufgabe:

Antwort: _____

4 Der Sportplatz wird für das Schulsportfest geschmückt. Für den Zaun werden
Wimpelketten von 234 m Länge benötigt. Hinzu kommen 48 m Wimpelkette
für das Eingangstor und für die beiden Imbissstände zusammen 16 m.
Wie viele Meter Wimpelkette werden insgesamt gebraucht?

Aufgabe:

Antwort: _____

5 Aus den 3. Klassen nehmen 28 Mädchen und 38 Jungen am Sportfest teil.
Das ist die Hälfte der Teilnehmer aus den 4. Klassen.
a) Wie viele Kinder nehmen aus den 4. Klassen teil?
b) Wie viele Kinder nehmen insgesamt teil?

Aufgaben:

Antwort **a)**: _____

Antwort **b)**: _____

1 bis 5: Inhalt erfassen; besondere Wörter erkennen und Rechenzeichen zuordnen;
Aufgabe finden, lösen und antworten

SB 44–45 TÜ 24

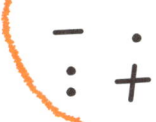

1 Der Campingplatz „Tiefer See" hatte bisher 367 Zeltplätze.
Wegen einer neuen Waschanlage wurde die Anzahl der
Plätze um 49 Plätze verringert.
Wie viele Zeltplätze stehen noch zur Verfügung?

Aufgabe:

Antwort: _____

2 Am Freitag reisten 127 Camper an. Am Sonnabend kamen weitere 48 Camper.
Am Sonntag meldeten sich nur halb so viele wie am Sonnabend an.
Wie viele Camper sind in den drei Tagen angereist?

Aufgabe:

Antwort: _____

3

> Von zu Hause
> bis hierher sind wir
> 684 Kilometer gefahren.

> Unser Weg war
> 77 Kilometer kürzer.

Wie viele Kilometer ist der Mann gefahren?

Aufgabe:

Antwort: _____

4 Max und Ben wollen eine Woche auf dem Campingplatz bleiben.

9€ pro Tag und Person

a) Wie viel müssen sie bezahlen?
b) Wie viel müssten sie bezahlen, wenn sie doppelt so lange blieben?

Aufgaben:

Antwort **a)**: _____

Antwort **b)**: _____

Kilometer – Meter – Dezimeter – Zentimeter – Millimeter

1

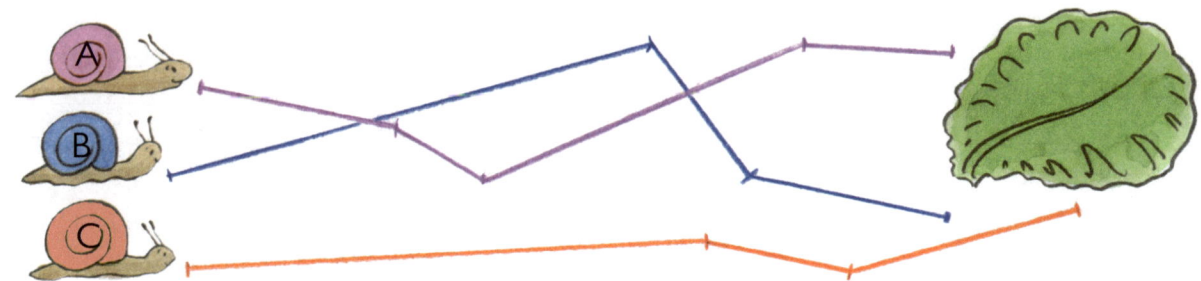

a) Schätze, ohne zu messen.

Welche Schnecke legt den kürzesten Weg zurück?   Schnecke ☐

Welche Schnecke legt den längsten Weg zurück?   Schnecke ☐

b) Miss jetzt alle Wege genau:

Schnecke A: ☐☐ cm ☐ mm = ☐☐ , ☐ cm

Schnecke B: ☐☐ cm ☐ mm = ☐☐ , ☐ cm

Schnecke C: ☐☐ cm ☐ mm = ☐☐ , ☐ cm

2   **a)** Ergänze zu einem Meter.

74 cm + ☐☐ cm = 1 m

38 cm + ☐☐ cm = 1 m

8 dm + ☐☐ cm = 1 m

4 dm + ☐☐ cm = 1 m

$\frac{1}{2}$ m + ☐☐ cm = 1 m

b) Ergänze zu einem Kilometer.

400 m + ☐☐☐ m = 1 km

$\frac{3}{4}$ km + ☐☐☐ m = 1 km

1 000 m + ☐☐☐ m = 1 km

930 m + ☐☐☐ m = 1 km

85 m + ☐☐☐ m = 1 km

3   Immer zwei Längenangaben sind gleich. Male sie mit der gleichen Farbe aus.

| 6 m 5 cm | 6,5 m | $\frac{1}{4}$ km | 5,6 cm | 1 000 m | 56 mm | $\frac{1}{2}$ km |

| 65 dm | 56 cm | 1 km | 500 m | 5 dm 6 cm | 250 m | 605 cm |

4   Welche Einheit passt? Setze sie richtig ein.

Maria wünscht sich zum Geburtstag eine neue Schulmappe.

Sie fährt mit ihrer Mutti in die 20 _____ entfernte Kreisstadt.

Die Fahrt mit dem Auto dauert 25 _____ .

Vom Parkplatz zum Geschäft sind es etwa 500 _____ .

Maria gefällt eine Tasche für 79,99 _____ .

Die Tasche ist 3,8 _____ hoch und 32 _____ breit.

Am Reißverschluss hängt ein 55 _____ langer Anhänger.

| mm |
| cm |
| dm |
| m |
| km |
| min |
| € |

1: Strecken schätzen und messen   2: Zum Meter bzw. Kilometer ergänzen
3: Gleiche Längenangaben erkennen   4: Einheiten in einen Lückentext einfügen

Addieren und Subtrahieren mit Zehnerzahlen

1
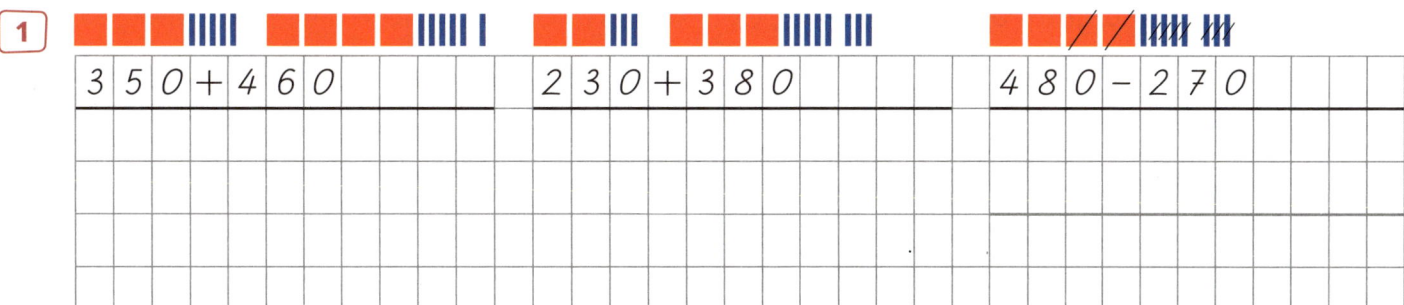

| 3 | 5 | 0 | + | 4 | 6 | 0 | | | | 2 | 3 | 0 | + | 3 | 8 | 0 | | | | 4 | 8 | 0 | − | 2 | 7 | 0 | | |

2

| 3 | 2 | 0 | + | 4 | 9 | 0 | | | | 4 | 5 | 0 | + | 2 | 7 | 0 | | | | 5 | 9 | 0 | + | 3 | 7 | 0 | | |

3

| 7 | 2 | 0 | − | 5 | 4 | 0 | | | | 9 | 7 | 0 | − | 4 | 9 | 0 | | | | 8 | 4 | 0 | − | 5 | 7 | 0 | | |

4 Vergleiche: < = > .

450 + 170 ⬤ 620

620 + 190 ⬤ 800

780 − 450 ⬤ 230

540 − 270 ⬤ 370

830 − 360 ⬤ 470

5
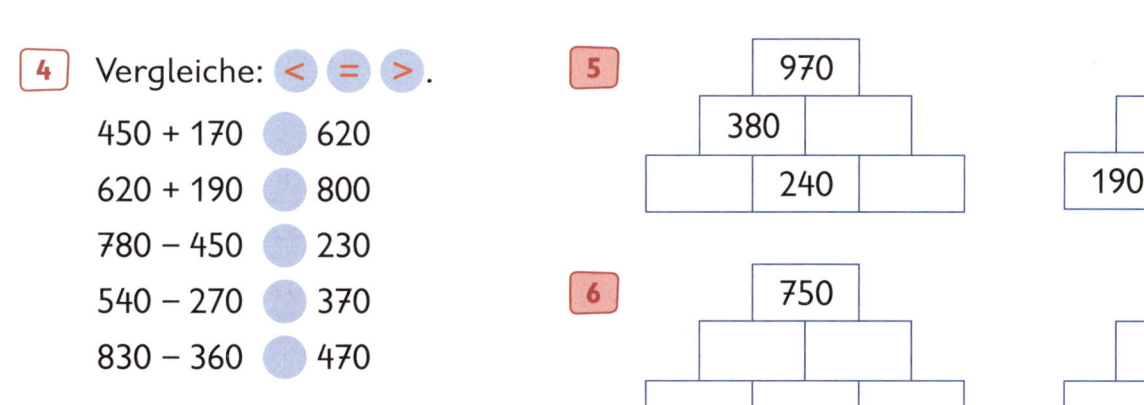

6
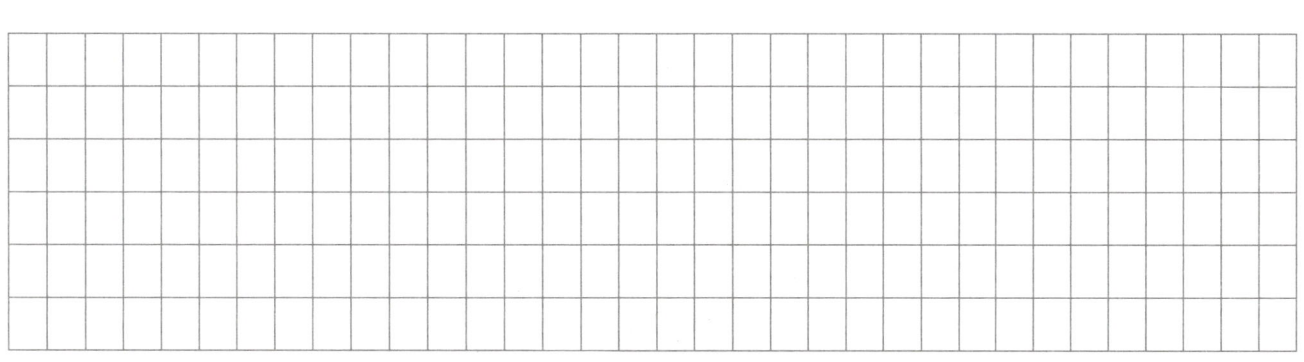

Addieren und Subtrahieren mit dreistelligen Zahlen

1 Finde die Aufgabe und rechne.

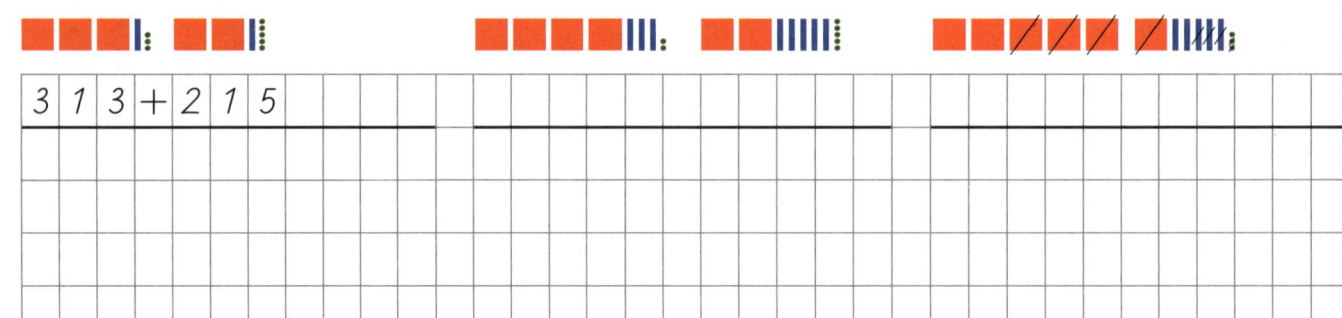

3 1 3 + 2 1 5

2

4 2 6 + 2 3 3   2 5 2 + 5 3 7   4 7 8 + 3 2 5

3

8 5 4 − 6 3 2   5 9 3 − 2 8 4   7 8 5 − 5 3 6

4 Setze die Aufgabenreihe fort.

a)
672 + 211 =
562 + 321 =
452 + ☐ =
☐ + ☐ =
☐ + ☐ =

b)
995 − 662 =
885 − 552 =
775 − ☐ =
☐ − ☐ =
☐ − ☐ =

5

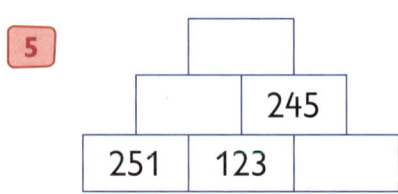

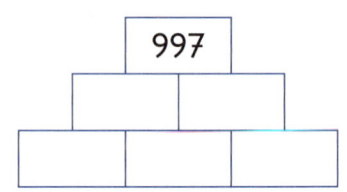

1 bis 3: Halbschriftliches Addieren und Subtrahieren
4: Aufgabenreihen fortsetzen   5: Rechenmauern lösen bzw. eine mögliche Lösung finden

Kilogramm – Gramm

1 Schätze zuerst in Gramm (g) oder in Kilogramm (kg). Prüfe dann mit einer Waage.

Gegenstand	geschätzt	gemessen	Differenz
Federtasche			
Schulmappe			
Schuhe			
Füller			

Wie viel wiegen die Lebensmittel?

2 a)  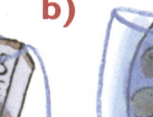　　b) 　　c)

　　⬜ kg ⬜⬜ g　　　⬜ kg ⬜⬜ g　　　⬜ kg ⬜⬜ g

3 a)  　　b) 　　c)

　　⬜ kg ⬜⬜ g　　　⬜ kg ⬜⬜ g　　　⬜ kg ⬜⬜ g

4 Ergänze zu einem Kilogramm.

300 g	520 g	680 g	$\frac{1}{4}$ kg	70 g	965 g	$\frac{3}{4}$ kg	2 g
700 g							

35 g　250 g
320 g　480 g
700 g　750 g
930 g　998 g

5 Setze das richtige Zeichen: < = > .

a)　520 g ⬤ $\frac{1}{4}$ kg
　　100 g ⬤ $\frac{1}{2}$ kg
　　500 g ⬤ 1 kg
　1000 g ⬤ $\frac{3}{4}$ kg

b)　340 g + 437 g ⬤ 800 g
　　680 g + 240 g ⬤ 820 g
　　725 g + 125 g ⬤ 850 g
　　248 g + 352 g ⬤ 600 g

c)　680 g – 230 g ⬤ 440 g
　　900 g – 635 g ⬤ 365 g
　　820 g – 790 g ⬤ 130 g
　　135 g – 45 g ⬤ 90 g

Liter

1 Was passt zusammen? Verbinde.

| 1 l | etwa 1 000 kg | 250 g | 10 l | etwa 3 kg | 300 l |

2 Wie viel Wasser ist in den Messbechern? Male aus.

1 l $\frac{1}{2}$ l $\frac{1}{4}$ l $\frac{3}{4}$ l

3 Finde verschiedene Möglichkeiten, den 30-l-Behälter mit diesen drei Gefäßen zu füllen. Trage sie in die Tabelle ein.

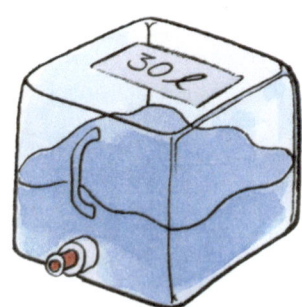  

10 l	5 l	1 l
3	–	–

4 Setze das richtige Zeichen: < = > .

a)
1 l ⬤ 3 l
15 l ⬤ 5 l
$\frac{1}{2}$ l ⬤ 1 l
7 l ⬤ 17 l

b)
48 l + 34 l ⬤ 82 l
36 l + 49 l ⬤ 75 l
145 l + 46 l ⬤ 200 l
240 l + 370 l ⬤ 610 l

c)
92 l – 23 l ⬤ 60 l
100 l – 67 l ⬤ 37 l
970 l – 26 l ⬤ 944 l
235 l – 34 l ⬤ 200 l

5 Frau Scherbaum fährt an die Tankstelle und tankt 50 l Benzin.
Der Liter kostet heute 1,40 €.

Frage: _____

Aufgabe: ⬜⬜⬜⬜⬜⬜⬜⬜⬜⬜⬜⬜⬜⬜⬜⬜⬜⬜⬜⬜⬜⬜⬜⬜⬜⬜⬜⬜

Antwort: _____

26

1: Richtig zuordnen   2: Volumen kennzeichnen   3: Alle Möglichkeiten angeben
4: Relationszeichen setzen   5: Inhalt erfassen; Frage/Aufgabe finden, Aufgabe lösen und antworten

SB 63

Überschlagsrechnung

1

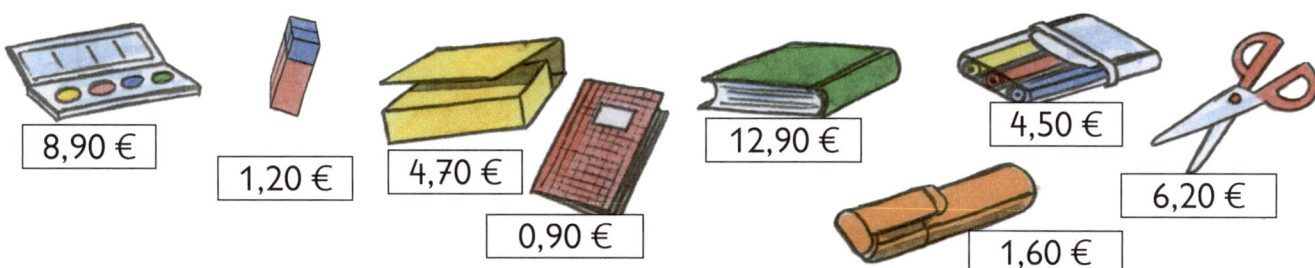

8,90 € 1,20 € 4,70 € 0,90 € 12,90 € 4,50 € 6,20 € 1,60 €

Reicht das Geld? Überschlage und kreuze an.

Die Kinder kaufen ein:	Er/Sie hat	Reicht das Geld?
Anna: 1 Farbkasten, 1 Radiergummi, 1 Schere	20 €	ja nein
Max: 1 Heft, 1 Buch, 1 Textmarker	17 €	ja nein
Tom: 1 Packung Buntstifte, 1 Heftemappe, 1 Schere	14 €	ja nein
Lisa: 1 Radiergummi, 1 Buch, 1 Heft	14 €	ja nein

Ü: ___ € + ___ € + ___ € = ___ €

Ü:

Ü:

Ü:

2 Welcher Hunderter liegt am nächsten?

322 ⟶ 300
781 ⟶
438 ⟶
653 ⟶
749 ⟶

375 ⟶
233 ⟶
895 ⟶
978 ⟶
659 ⟶

3 Welcher Zehner liegt am nächsten?

254 ⟶ 250
357 ⟶
894 ⟶
733 ⟶
514 ⟶

617 ⟶
351 ⟶
755 ⟶
796 ⟶
804 ⟶

4 Bilde zu den Aufgaben nur den Überschlag.

a)

315 + 291 + 436
Ü: 300 + ___ + ___ =

642 + 151 + 128
Ü:

427 + 281 + 125
Ü:

398 + 169 + 367
Ü:

273 + 432 + 219
Ü:

b)

126 + 288 + 331
Ü: 700

267 + 124 + 362
Ü:

354 + 258 + 125
Ü:

381 + 249 + 183
Ü:

215 + 345 + 228
Ü:

Addieren ohne Übertrag

1
324 + 265

H	Z	E
3	2	4
+2	6	5

H	Z	E
4	6	3
+2	3	6

H	Z	E
2	3	4
+4	5	3

H	Z	E
6	2	4
+1	7	3

H	Z	E
4	3	6
+2	5	3

2

425	625	344	783	444	633	306
+173	+143	+253	+115	+ 53	+205	+273

3 Schreibe erst die Summanden stellengerecht untereinander, addiere dann.

453+342		82+317		35+564
671+208		826+173		302+ 71

4 Ergänze die fehlenden Ziffern.

4		8	6	5	4		7	5			4	3				4			5	3	2		4	2	2
+		5	+		3		+1		2	+		6	4	+2			3	+		5		+			
7	7	9	8		9			5	6		6		9		9	8	6		9		8		8	9	7

5 Überprüfe und berichtige die falschen Ergebnisse.

443	532	284	142	623	354	254
+252	+405	+505	+353	+374	+235	+341
694	939	799	495	987	598	685

6  Bilde mit den Ziffern 1, 2 und 3 zwei dreistellige Zahlen. Die Summe dieser Zahlen soll

a) 444 ergeben, **b)** 534 ergeben, **c)** 525 ergeben.

Addieren mit Übertrag

1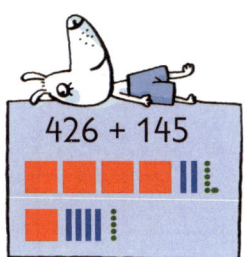

426 + 145

H	Z	E
4	2	6
+ 1	4	5

H	Z	E
5	4	8
+ 3	7	1

H	Z	E
6	4	3
+ 2	7	8

H	Z	E
2	8	4
+ 5	4	7

H	Z	E
4	3	2
+ 3	9	5

2

3	2	2
+ 2	5	9

7	4	0
+ 1	7	3

5	4	3
+ 2	7	4

6	0	9
+ 1	9	2

3	4	7
+ 6	7	5

7	8	1
+ 1	8	7

5	7	6
+ 2	1	3

3

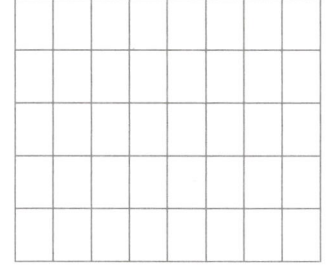 Addiere 479 und 321.

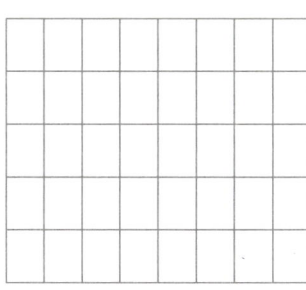 Berechne die Summe aus 428 und 393.

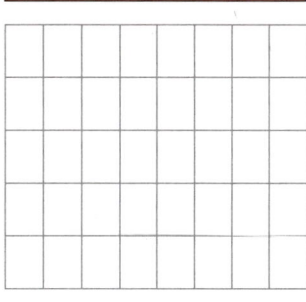 Berechne das Doppelte von 428.

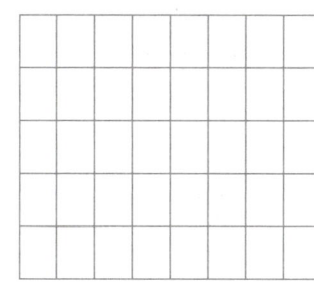 Addiere zu 324 265 und 183.

4 Zur Zirkusvorstellung kamen aus der Waldschule 217 Kinder und aus der Lindenschule 175 Kinder.

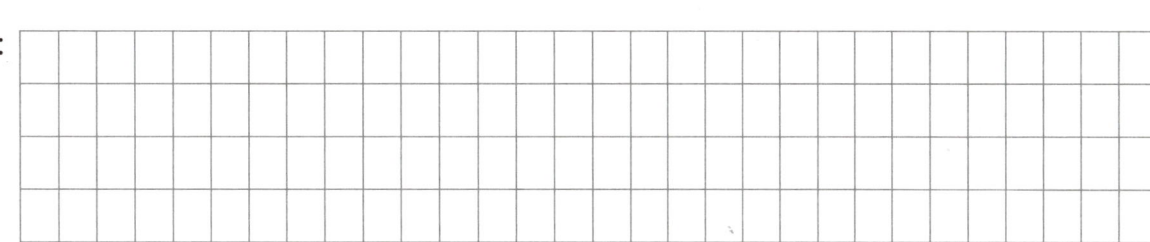

Frage: _____

Aufgabe:

Antwort: _____

1 und 2: Schriftliches Addieren   3: Begriffe verstehen; Aufgabe bilden und lösen
4: Inhalt erfassen; Aufgabe/Frage finden, lösen und antworten

Subtrahieren ohne Übertrag – Ergänzen/Abziehen

1 Rechne mit „Ergänzen".

H	Z	E			H	Z	E			H	Z	E			H	Z	E			H	Z	E	
4	7	9			7	5	9			8	9	6			7	9	6			4	9	8	
− 2	5	1			− 5	3	6			− 5	7	4			− 4	6	2			− 2	5	4	

> 223
> 228
> 244
> 322
> 334

2 Rechne mit „Abziehen".

H	Z	E			H	Z	E			H	Z	E			H	Z	E			H	Z	E	
6	5	4			9	7	5			8	4	9			5	4	2			9	3	7	
− 2	3	2			− 7	3	4			− 6	3	8			− 4	3	1			− 4	1	5	

> 111
> 211
> 241
> 422
> 522

3 Rechne so, wie du möchtest.

6	3	3		9	4	4		7	9	7		6	3	5		3	5	4		9	7	8		4	7	9
− 4	2	1		− 3	3	2		− 5	7	2		− 5	1	4		− 2	3	4		− 7	0	6		− 1	6	3

4 Rechne und kontrolliere mit der Umkehraufgabe.

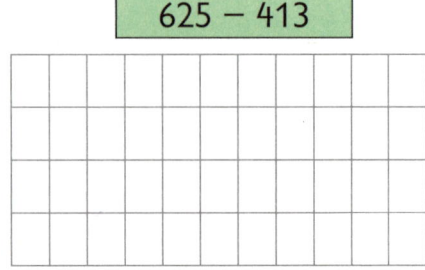 625 − 413

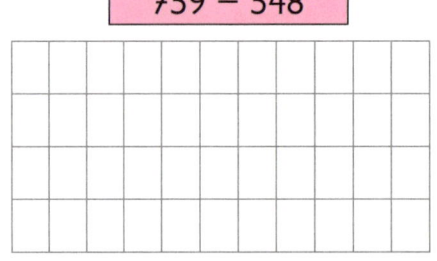 759 − 548

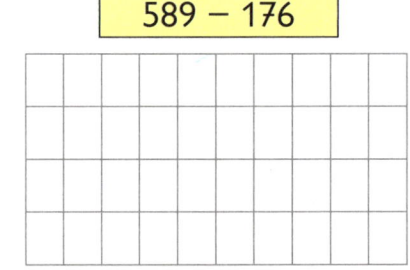 589 − 176

5

 Subtrahiere 635 von 968.

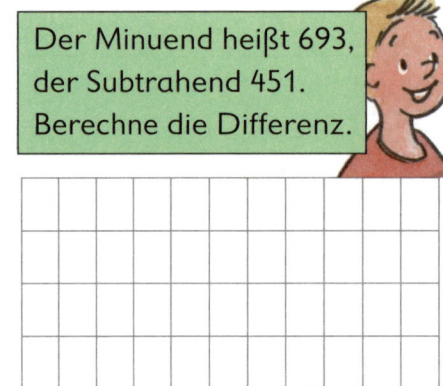 Der Minuend heißt 693, der Subtrahend 451. Berechne die Differenz.

 Berechne die Differenz von 863 und 651.

30

1 und 2: Schriftliches Subtrahieren nach dem Ergänzungsverfahren/Abziehverfahren 3: Schriftliches Subtrahieren, Verfahren kann gewählt werden 4: Subtrahieren, Kontrolle mit der Addition 5: Begriffe verstehen; Aufgabe bilden und lösen **SB** 68–69 **TÜ** 33

Subtrahieren mit Übertrag – Ergänzen/Abziehen

1 Rechne mit „Ergänzen".

H	Z	E		H	Z	E		H	Z	E		H	Z	E		H	Z	E		H	Z	E
7	5	4		8	5	4		7	9	4		9	4	7		8	4	6		6	6	3
− 5	3	6		− 5	8	3		− 5	4	7		− 5	8	5		− 3	7	5		− 2	2	4

2

5	3	2		9	5	7		6	9	3		6	7	6		7	5	4		8	4	3		7	5	3
− 3	2	8		− 3	8	4		− 3	6	9		− 3	4	9		− 3	2	8		− 3	1	7		− 2	4	8

> Lösungen zu **1** und **2** :
> 204 218 247 271 324 327 362 426 439 471 505 526 573

3 Rechne mit „Abziehen".

H	Z	E		H	Z	E		H	Z	E		H	Z	E		H	Z	E		H	Z	E
6	7	3		8	5	4		9	6	8		7	9	4		9	5	4		5	9	4
− 4	5	9		− 5	3	8		− 5	9	3		− 3	8	7		− 6	7	2		− 3	0	7

4

4	3	2		6	2	9		9	5	2		7	4	2		8	4	6		6	7	3		8	6	5
− 1	1	9		− 3	8	7		− 6	2	8		− 2	1	9		− 3	7	3		− 2	9	1		− 6	5	7

> Lösungen zu **3** und **4** :
> 208 214 242 282 287 313 316 324 375 382 407 473 523

5 Rechne und kontrolliere mit der Umkehraufgabe.

	9	2	3				7	9	3				8	5	7	
	− 4	1	6				− 4	6	8				− 4	7	3	

Subtrahieren mit Übertrag

1

H	Z	E		H	Z	E		H	Z	E		H	Z	E		H	Z	E		H	Z	E
6	0	0		8	0	0		7	0	0		3	0	0		7	8	0		5	4	0
−2	5	4		−3	5	6		−2	8	3		−1	8	9		−3	9	2		−1	6	5

2 Rechne und kontrolliere mit der Umkehraufgabe.

a)
```
  2 0 0
− 1 3 8
───────
```

b)
```
  6 0 0
− 2 3 6
───────
```

c)
```
  5 0 4
− 2 8 7
───────
```

3 Trage die fehlenden Zahlen in das Rechenrad ein.

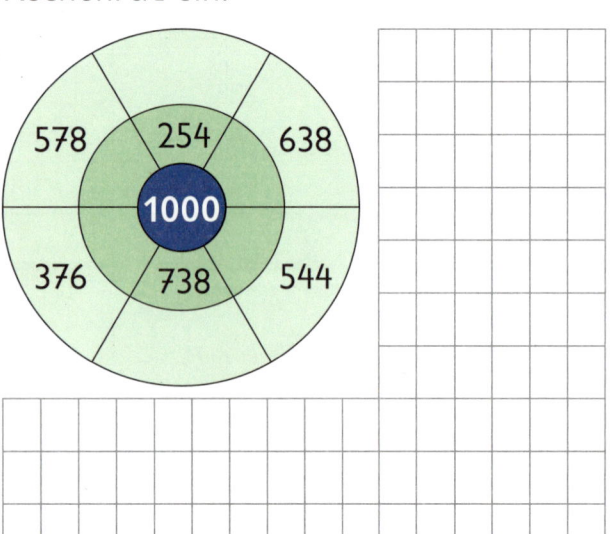

4 Trage die fehlenden Zahlen in das Rechenhaus ein.

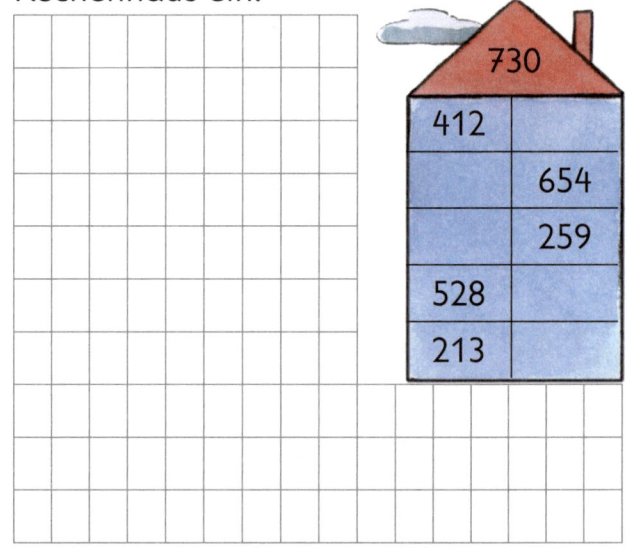

5

 Vermindere den Vorgänger von 725 um 218.

 Subtrahiere vom Nachfolger von 826 den Vorgänger von 419.

Verdopple den Vorgänger von 321 und subtrahiere 357.

1: Subtrahieren; Minuenden sind Vielfache von Hundert bzw. von Zehn   2: Subtrahieren, Kontrolle mit der Addition   3 und 4: Rechenrad/Rechenhaus ergänzen   5: Inhalt verstehen; Aufgaben finden und lösen   **SB** 72–73 **TÜ** 34

Addieren und Subtrahieren

1

5 2 7	6 3 5	4 5 8	7 7 3 €	2 2 9 m
+ 3 9 1	+ 2 4 8	+ 1 9 4	+ 2 0 9 €	+ 6 9 3 m

2

5 1 5	6 3 9	8 1 5	7 0 3 ₡	8 4 4 mm
− 3 2 4	− 3 6 9	− 6 1 9	− 4 5 5 ₡	− 5 0 9 mm

3

4 7 6	1 3 8	2 5 3 cm	1 2 9 m	9 8 €
+ 2 2 0	+ 3 9 6	+ 8 9 cm	+ 4 0 6 m	+ 4 1 2 €
+ 1 3 2	+ 2 6 6	+ 3 2 5 cm	+ 7 2 m	+ 1 5 3 €

4 Lisa und ihre Mutti haben eingekauft. Was müssen sie an der Kasse bezahlen?
Überschlage erst und rechne dann genau.

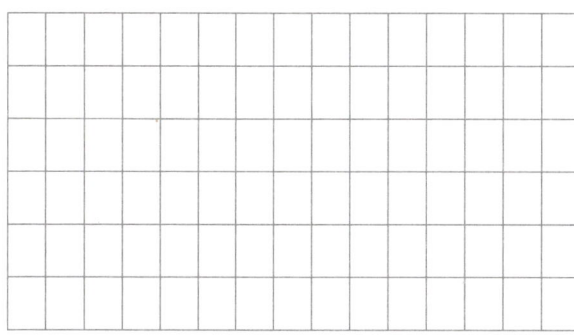

93 €   114 €   76 €

5 Die Summe soll immer kleiner als 700 sein. Finde einen zweiten Summanden.

5 3 9	6 4 3	9 8
+	+	+

6 Die Differenz soll immer kleiner als 300 sein. Finde einen passenden Subtrahenden.

6 2 4	7 2 0	4 9 5
−	−	−

1 **a)** 336 + 414 =

258 + 445 =

529 + 375 =

405 + 287 =

183 + 569 =

b) 679 − 408 =

903 − 486 =

825 − 579 =

386 − 197 =

537 − 229 =

Du kannst mündlich oder schriftlich rechnen.

| 189 | 246 | 271 | 308 | 417 | 692 | 703 | 750 | 752 | 904 |

2 Überprüfe und berichtige die falschen Lösungen.

	2	7	6			2	2	8			5	3	6			8	3	6			7	3	6			9	5	4			6	7	3
+	5	5	8		+	4	6	3		+	2	8	7		−	5	2	7		−	4	9	5		−	6	7	3		−	2	6	9
	7	2	4			6	9	1			8	1	3			3	1	9			2	4	1			2	8	1			4	1	4

3

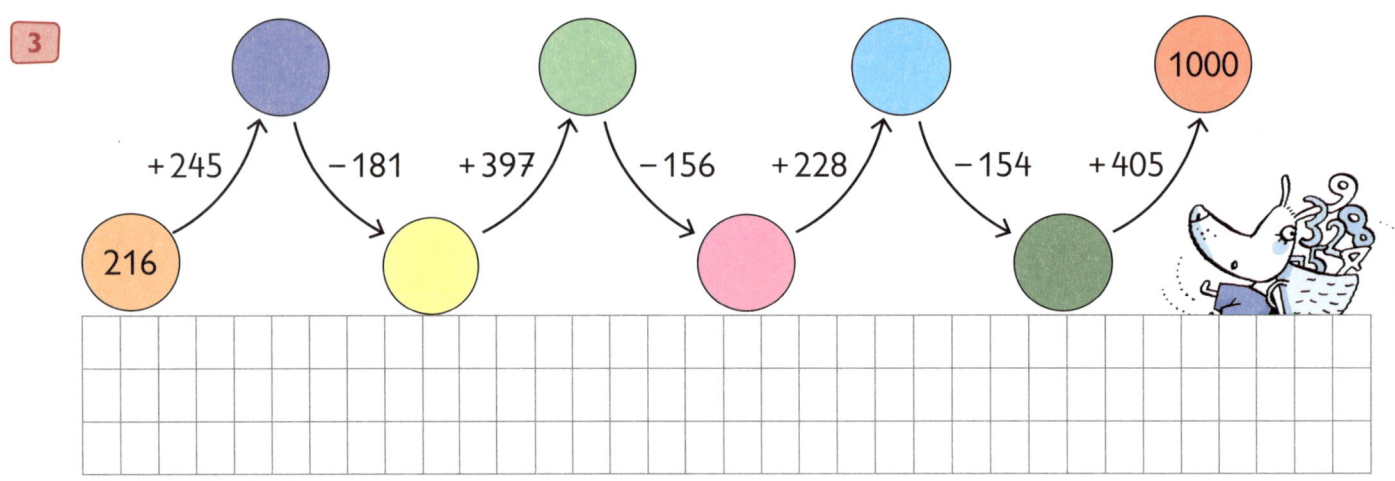

4 Ergänze die fehlenden Ziffern.

1: Mündlich oder schriftlich rechnen   2: Fehler finden und berichtigen
3: Rechenkette lösen   4: Fehlende Ziffern ergänzen

SB 74–75

Addieren und Subtrahieren – Sachaufgaben

1 In der Tabelle stehen Angaben über Flüsse innerhalb Deutschlands.
Berechne, auf welcher Länge die Flüsse nicht schiffbar sind.

Fluss	Länge in Deutschland	davon schiffbar	davon nicht schiffbar
Rhein	865 km	778 km	
Elbe	700 km	700 km	
Donau	647 km	387 km	
Main	524 km	384 km	
Saale	427 km	124 km	
Spree	382 km	147 km	

2 Die im Jahr 2013 in Dresden fertiggestellte Waldschlösschenbrücke ist 636 m lang.
Die Loschwitzer Brücke in Dresden wird auch
das „Blaue Wunder" genannt.
Diese Brücke ist 156 m kürzer.

a) Wie lang ist das
„Blaue Wunder"?

b) Erkunde, warum diese
Brücke so genannt wird.

Aufgabe:

Antwort:

_____

_____

3 Wie weit ist es von den Schildern bis zur Hütte?
Schreibe die Entfernungen in die Schilder.

280 m

115 m

380 m

155 m

4 a) Um wie viele Meter ist der Münchener Fernsehturm
höher als der Stuttgarter Fernsehturm?

b) Um wie viele Meter ist der Münchener Fernsehturm
niedriger als der Berliner Fernsehturm?

München 290 m

Stuttgart 220 m

Berlin 360 m

a)

b)

a) _____

b) _____

Daten in Tabellen und Diagrammen

1 Das Streifendiagramm enthält Angaben über die Schülerzahlen der Talschule.

				3 Mädchen
1. Schuljahr				
2. Schuljahr				3 Jungen
3. Schuljahr				
4. Schuljahr				

Trage die Schülerzahlen in die Tabelle ein.

	1. Schuljahr	2. Schuljahr	3. Schuljahr	4. Schuljahr	insgesamt
Mädchen					
Jungen					
zusammen					

2 Diese Tabelle gibt Auskunft über die Schülerzahlen der Bergschule.

	1. Schuljahr	2. Schuljahr	3. Schuljahr	4. Schuljahr	insgesamt
Mädchen	21	24		27	
Jungen	18		24		
zusammen		42	57		198

a) Trage die fehlenden Zahlen ein.
b) Stelle die Schülerzahlen in einem Streifendiagramm dar.

				3 Mädchen
1. Schuljahr				
2. Schuljahr				3 Jungen
3. Schuljahr				
4. Schuljahr				

3 Vergleiche die Anzahl der Schüler der beiden Schulen.

	Talschule	> = <	Bergschule
1. Schuljahr			
2. Schuljahr			
3. Schuljahr			
4. Schuljahr			
zusammen			

1: Zahlen aus dem Diagramm entnehmen; Tabelle vervollständigen
2: Fehlende Angaben errechnen; Diagramm zeichnen   3: Schülerzahlen vergleichen

1

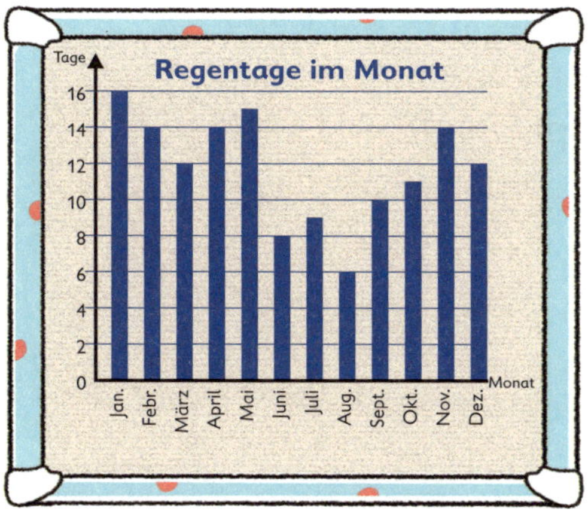

a) Wie viele Regentage gab es insgesamt:
in den Monaten Juli und August?
☐☐ Regentage
in den ersten drei Monaten des Jahres?
☐☐ Regentage

b) Welche Monate hatten mehr als 12 Regentage?

____

____

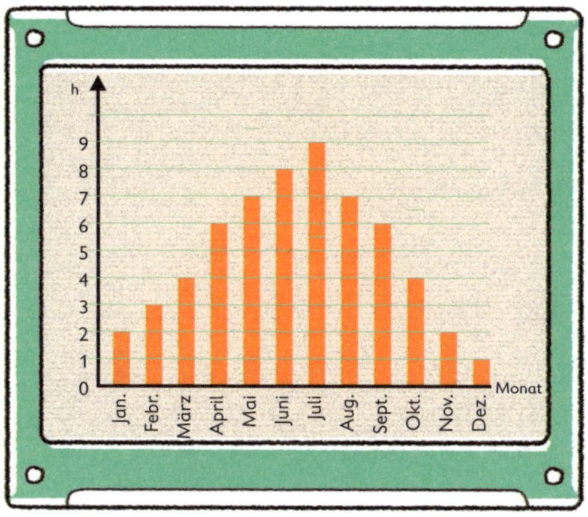

c) In welchem Monat gab es doppelt so viele Sonnenstunden wie im März?

____

d) Vergleiche die Sonnenstunden: > = < .

April ☐ h ◯ Juni ☐ h

e) Finde Fragen zu den beiden Diagrammen. Dein Lernpartner beantwortet sie.

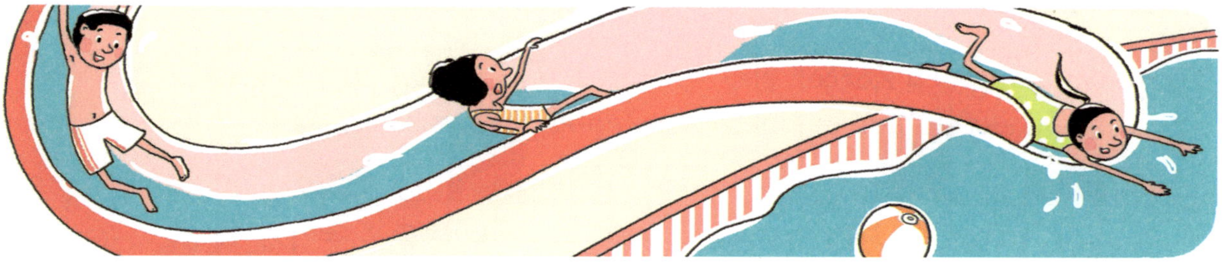

2

Freizeitbad „Blaue Welle" (Alle Preise in Euro)		Erwachsene				
		0	1	2	3	4
Kinder	0	0	8	16	24	
	1	6	14	22		
	2	12	20			
	3	18				
	4					

a) Welche Informationen kannst du aus der Tabelle ablesen? Sprich mit deinem Lernpartner darüber.

b) Ergänze die fehlenden Zahlen.

c) Stimmt es, dass die Karten für 4 Kinder genauso viel kosten wie für 3 Erwachsene?

____

d) Finde selbst Aufgaben und stelle sie deinem Lernpartner.

1: Daten aus dem Diagramm ablesen und damit arbeiten 2: Inhalt der Tabelle erfassen; Tabelle ergänzen; Frage beantworten; Aufgaben finden und vom Lernpartner lösen lassen

Kombinieren

1

Speiseplan

Vorspeise	Hauptgericht	Nachspeise
Spargelsuppe	Spaghetti	Obstschale
Nudelsuppe	Milchreis	Pudding

Ein Menü besteht aus einer Vorspeise, einem Hauptgericht und einer Nachspeise.

Wie viele verschiedene Menüs sind mit diesem Angebot möglich?

	Vorspeise	Hauptgericht	Nachspeise
1. Möglichkeit			
2. Möglichkeit			
3. Möglichkeit			
4. Mögl			

2 Setze die fehlenden Zahlen und Rechenzeichen ein.

23		36	=	59
+		−		+
	−		=	21
=				=
	+	25	=	80

		+	50	=	260
		·			+
			7	=	
	=		=		=
260	+			=	

3 Ziehe die Linien in einem Zug nach. Du darfst jede Linie nur einmal nachziehen.

4 Max hat einen Eimer für 10 l und einen Eimer für 6 l. Er will genau 8 l in eine Wanne füllen. Wie kann er 8 l abmessen?

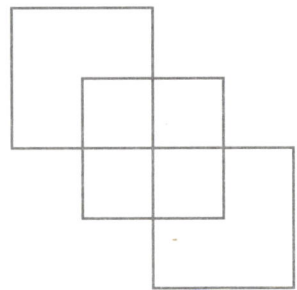

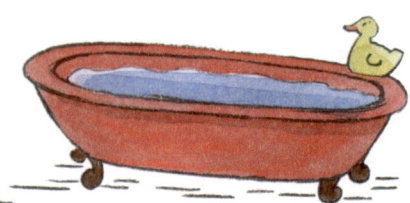

38
1: Alle Möglichkeiten in die Tabelle eintragen   2: Zahlen und Rechenzeichen finden
3: Linie in einem Zug nachziehen   4: Möglichkeit des Abmessens erklären (möglichst auch demonstrieren)
SB 78–79   TÜ 36

1 Wanderkarte Burgenland

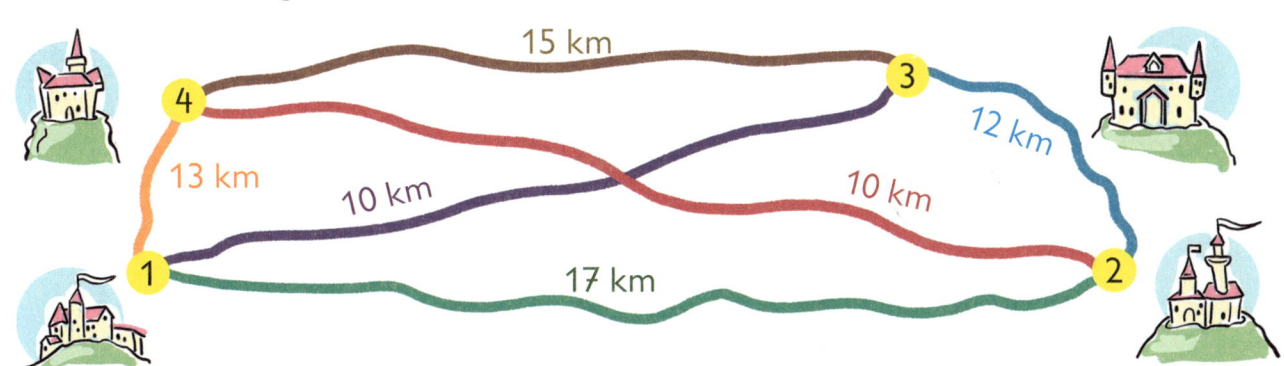

Jede der vier Burgen ist mit jeder anderen Burg durch einen Wanderweg verbunden. Max beginnt seine Wanderung an der Burg **1**.
Er wandert auf dem kürzesten Wege zu allen anderen Burgen und kehrt zur Burg **1** zurück.
Welcher Wanderweg ist am kürzesten?
Schreibe den Weg so auf: **1** → 🟡 → 🟡 → 🟡 → **1**

Berechne die Länge des Weges.

2 Hier wohnen Max, Lisa, Anna, Ben und Maria.

_____ _____ _____ _____ _____

Max und Lisa haben jeder nur einen Nachbar. Anna wohnt zwischen Ben und Maria. Ben und Max wohnen nicht nebeneinander.
Marias Hausnummer ist eine kleinere Zahl als Lisas Hausnummer.
Wer wohnt in welchem Haus?
Schreibe die Namen unter das Haus.

3 Tom (T), Maria (M), Ben (B), und Lisa (L) nehmen an einen Staffellauf teil. In welcher Reihenfolge könnten sie laufen?
Schreibe alle Möglichkeiten so auf: T M B L, …

_____

_____

_____

_____

_____

Rechnen mit Größen – Kommaschreibweise

1 Max kauft Erdbeeren für 3,38 €.
Er hat 4,70 € mit.
Wie viel Geld behält Max übrig?

Aufgabe:

Antwort: _____

_____

2 Anna springt beim Schulsportfest 3,42 m
weit. Maria springt 2,28 m weit. Wie viele
Zentimeter ist Anna weiter gesprungen?

Aufgabe:

Antwort: _____

_____

3 **a)** 22,44 € + 13,71 €   **b)** 12,98 € + 27,63 €   **c)** 32,76 € − 21,53 €

4 Schreibe mit Komma und rechne dann.

| 236 cm + 2,69 m | | 7,44 m − 248 cm | | 12,76 m − 728 cm |

5 Wie viel Geld hat jedes Kind nach dem Einkauf noch übrig?

Anna hat:

Sie kauft für 4,26 € ein.

Antwort: _____

_____

Max hat:

Er kauft für 6,59 € ein.

Antwort: _____

_____

Maria hat:

Sie kauft für 11,53 € ein.

Antwort: _____

_____

1, 2 und 5: Inhalt erfassen; Aufgabe finden, lösen und antworten
3 und 4: Schriftliches Addieren und Subtrahieren mit Kommazahlen

Vierecke – Dreiecke

1 Zeichne Quadrate.

a)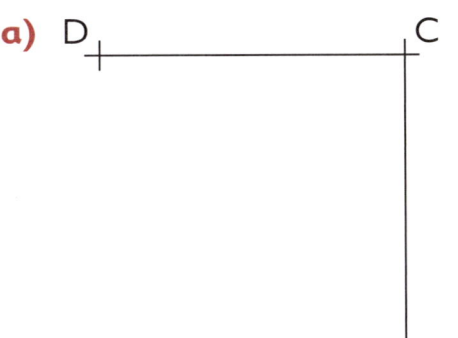

b)

c)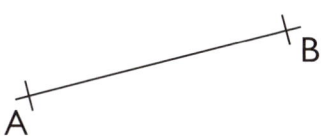

2 Zeichne Rechtecke.

a)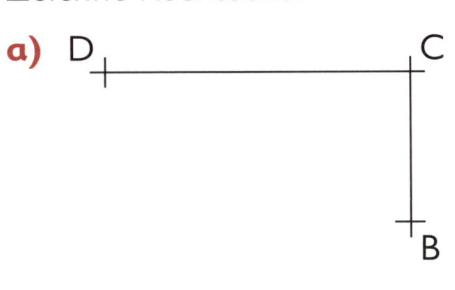

b)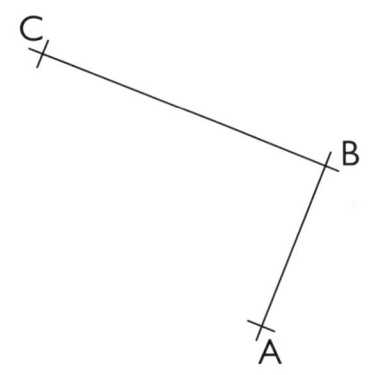

c)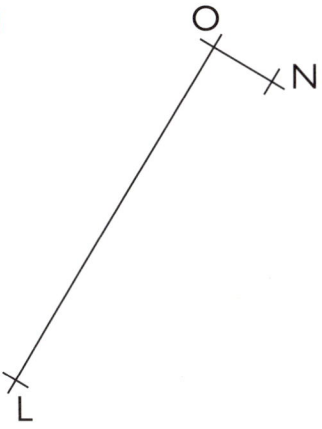

3 Zerlege das Quadrat durch Einzeichnen einer Strecke in:

a) zwei Dreiecke

b) zwei Rechtecke

c) ein Dreieck und ein Viereck

4 Zerlege das Quadrat durch Einzeichnen zweier Strecken in:

a) vier Dreiecke

b) drei Dreiecke

c) zwei Dreiecke und ein Viereck

Parallelogramme

1 Zeichne nur die Parallelogramme farbig nach.

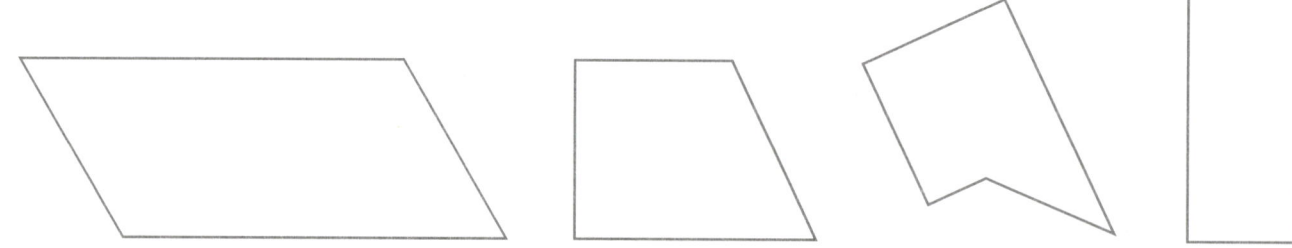

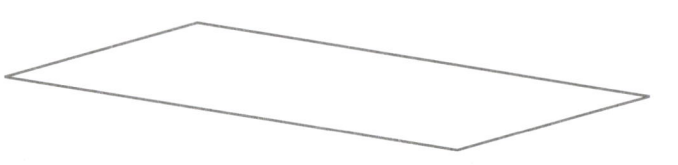

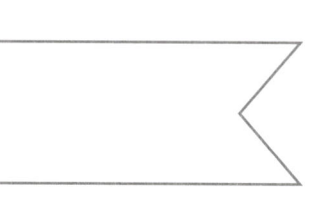

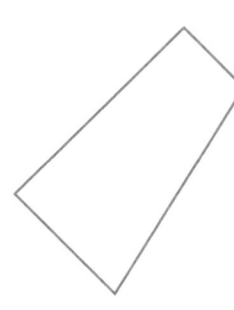

2 Ergänze so, dass Parallelogramme entstehen. Benenne die Eckpunkte.

a) C   **b)** D   **c)**

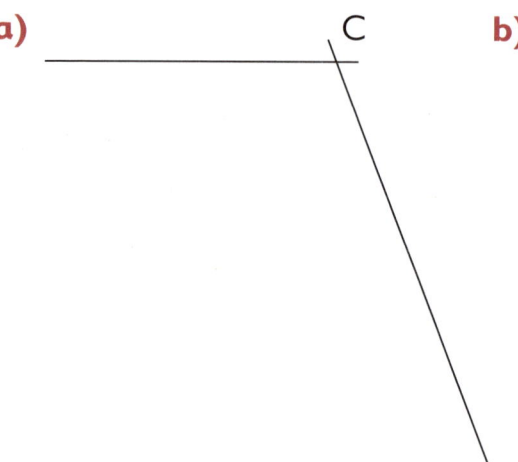

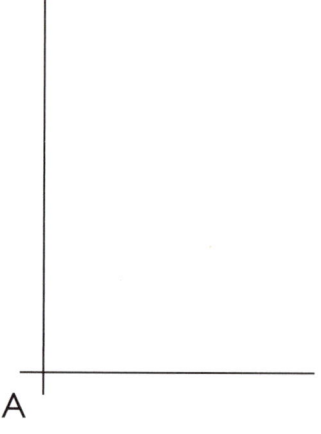

A

3 Zeichne Parallelogramme mit den angegebenen Seitenlängen.

a) $\overline{AB}$ = 6,5 cm, $\overline{AD}$ = 4 cm   **b)** $\overline{HG}$ = 35 mm, $\overline{FG}$ = 70 mm

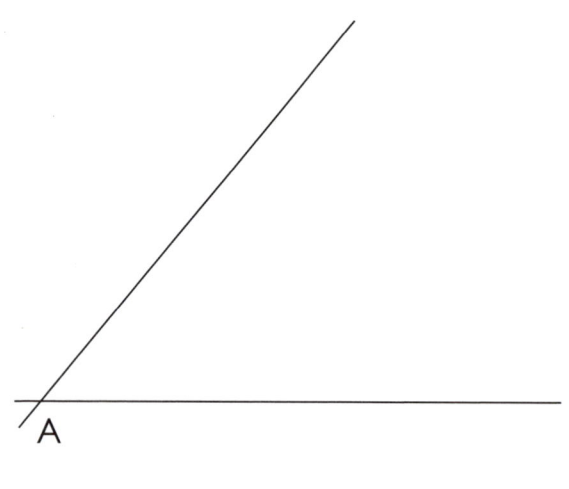

A

G

42

1: Parallelogramme identifizieren und nachzeichnen   2: Zu Parallelogrammen vervollständigen;
Eckpunkte benennen   3: Parallelogramme nach Vorgabe zeichnen

SB 85 **TÜ** 38

Vielfache und Teiler einer Zahl

1 Welche Zahlen erreichen das rote Rechteck, das grüne Quadrat oder das blaue Parallelogramm? Trage sie ein.

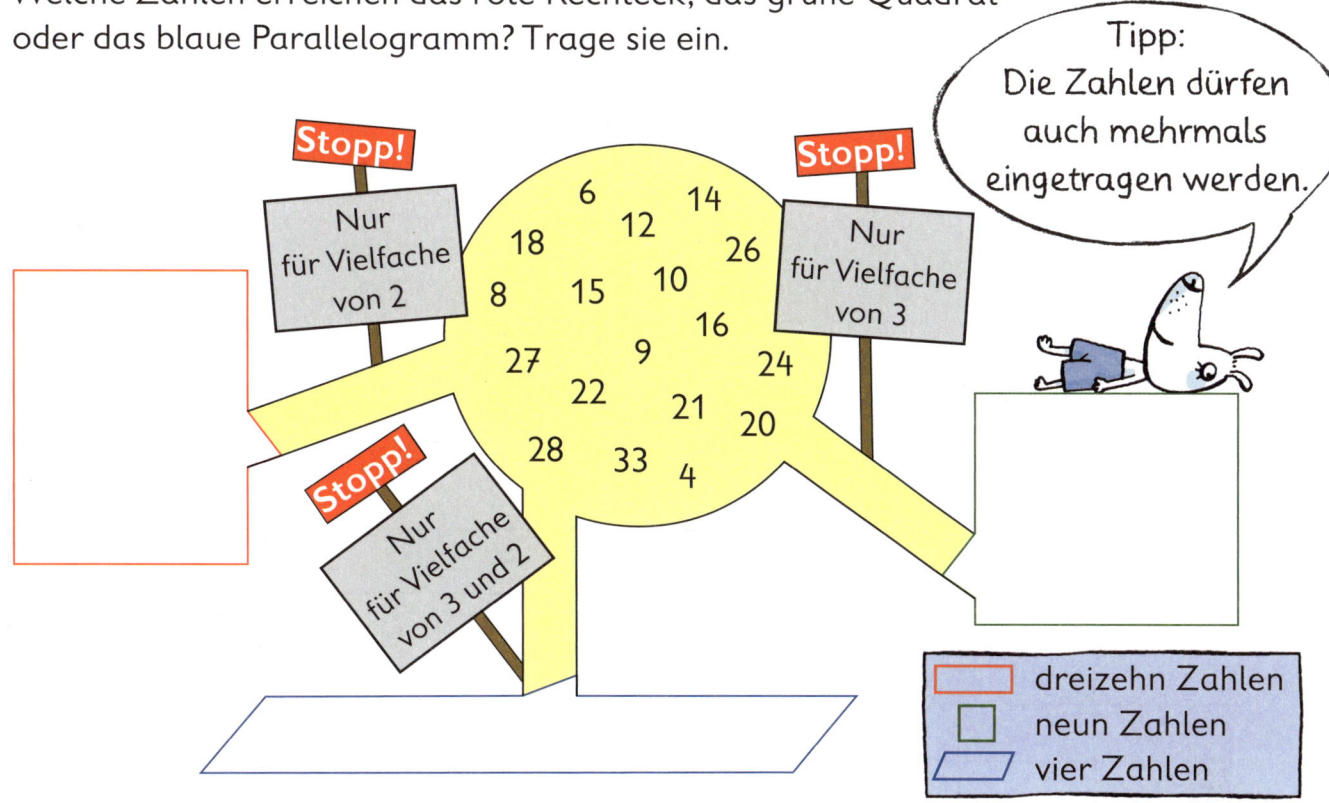

Tipp:
Die Zahlen dürfen auch mehrmals eingetragen werden.

Stopp!
Nur für Vielfache von 2

Stopp!
Nur für Vielfache von 3

Stopp!
Nur für Vielfache von 3 und 2

6 14 12 18 26 8 15 10 16 27 9 24 22 21 20 28 33 4

☐ dreizehn Zahlen
☐ neun Zahlen
▱ vier Zahlen

2 6 ist Vielfaches von 3, 2 und 1,   weil 2 · 3 = 6,   3 · 2 = 6,   6 · 1 = 6

15 ist Vielfaches von _____ , weil _____

30 ist Vielfaches von _____ , weil _____

_____

3 Finde möglichst viele Teiler.

24 hat die Teiler _____   36 hat die Teiler _____

45 hat die Teiler _____   56 hat die Teiler _____

4 Finde mindestens drei Zahlen, die

a) Vielfache von 7 sind: _____

b) Vielfache von 9 sind: _____

5 Schreibe mindestens drei Zahlen auf, die

b) durch 3 und 6 teilbar sind: _____

c) durch 2, 4 und 8 teilbar sind: _____

6

Die gesuchte Zahl ist Teiler von 20 und 16. Sie ist größer als 2.

_____

Die gesuchten Zahlen sind Vielfache von 2 und 9. Sie sind kleiner als 70.

_____

Multiplizieren und Dividieren mit 10 und mit 100

1 **a)** 7 · 10 = ☐☐☐   **b)** 10 · 12 m = ☐☐☐ m   **c)** 4 · 100 € = ☐☐☐ €

27 · 10 = ☐☐☐   10 · 17 m = ☐☐☐ m   7 · 100 € = ☐☐☐ €

10 · 6 = ☐☐☐   44 m · 10 = ☐☐☐ m   9 € · 100 = ☐☐☐ €

10 · 79 = ☐☐☐   63 m · 10 = ☐☐☐ m   6 € · 100 = ☐☐☐ €

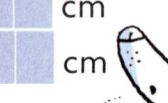

60	70
120	170
270	400
440	600
630	700
790	900

2 **a)** 640 : 10 = ☐☐   **b)** 520 ct : 10 = ☐☐☐ ct   **c)** 700 cm : 100 = ☐☐ cm

290 : 10 = ☐☐   990 ct : 10 = ☐☐☐ ct   100 cm : 100 = ☐☐ cm

760 : 10 = ☐☐   400 ct : 10 = ☐☐☐ ct   600 cm : 100 = ☐☐ cm

900 : 10 = ☐☐   1000 ct : 10 = ☐☐☐ ct   1000 cm : 100 = ☐☐ cm

1 6 7 10 29 40 52 64 76 90 99 100

3

:	10	100
700		
100		
900		
1000		

4   · 10

57	
91	
	100
	640

5   : 100

600	
1000	
	4
	10

6 **a)**

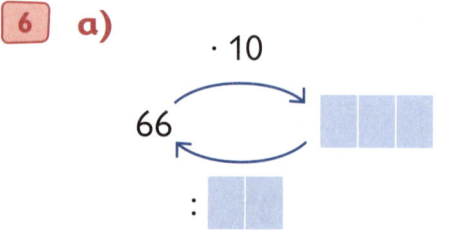

· 10   66 ⇄ ☐☐☐   : ☐☐

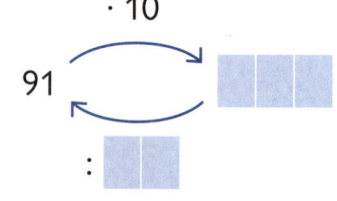

· 10   91 ⇄ ☐☐☐   : ☐☐

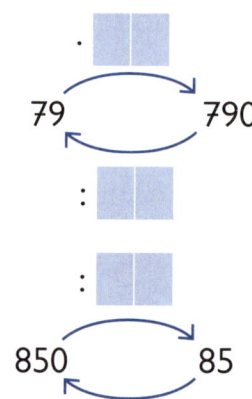

· ☐☐   79 ⇄ 790   : ☐☐

b)

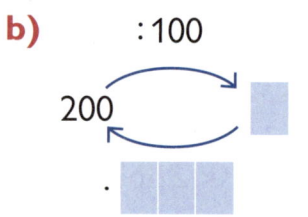

: 100   200 ⇄ ☐   · ☐☐☐

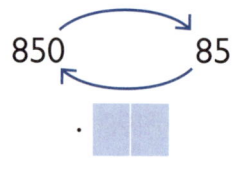

: ☐☐☐   1000 ⇄ 10   · ☐☐

: ☐☐   850 ⇄ 85   · ☐☐

7

a) Die Zahl mit 100 multipliziert ergibt 0. ☐

b) Das Zehnfache der Zahl ist 700. ☐

c) Das Doppelte der Zahl ist 1000. ☐

d) Die Zahl durch 100 dividiert ergibt 10. ☐

Multiplizieren und Dividieren mit Zehnerzahlen

1 Setze die Aufgabenfolgen fort und rechne.

a) 1 · 40 =
3 · 40 =
5 · 40 =
___ · 40 =
___ · 40 =

b) 1 · 90 =
3 · 90 =
5 · 90 =
___ · 90 =
___ · 90 =

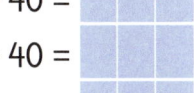

40 90 120 200 270 280 360 450 630 810

2 Berechne die Quotienten.

a) 270 : 30 =
720 : 90 =
420 : 60 =
180 : 20 =
350 : 50 =

b) 420 : 70 =
240 : 30 =
810 : 90 =
360 : 40 =
180 : 30 =

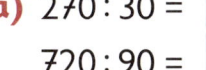 

6 6 7 7 8 8 9 9 9 9

3 Bilde Aufgabenfamilien.

a) 60 9 540   b) 8 160 20   c) 240 60 4   d) 3 90 270

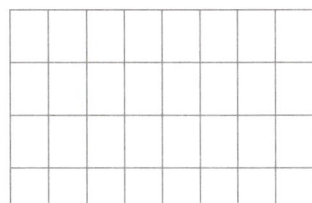 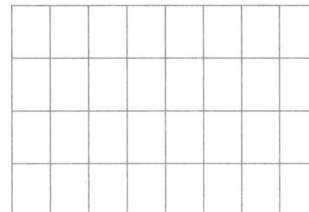 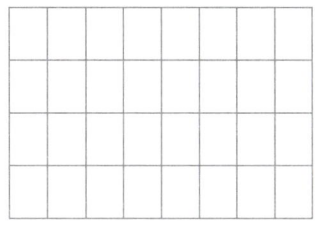 

4 Setze das richtige Zeichen: < = > .

a) 3 · 80 ⬤ 240
5 · 60 ⬤ 250

b) 320 : 40 ⬤ 6
450 : 50 ⬤ 9

c) 490 : 70 ⬤ 560 : 80
40 · 9 ⬤ 80 · 5

5 Zerlege jede Zahl in ein Produkt mit einer Zehnerzahl.

280 = 4 · 70
280 = 70 · 4

420 = ___ · ___
420 = ___ · ___

560 = ___ · ___
560 = ___ · ___

720 = ___ · ___
720 = ___ · ___

6 a) Die Kinder der 3. Klassen sind auf dem Ponyhof. Einmal Ponyreiten kostet 3 €.
Insgesamt hat der Reitlehrer 40 Reitkarten verkauft.
Wie viel Geld hat er eingenommen?
b) Die Kinder der 4. Klassen haben doppelt so viele Reitkarten gekauft.
Wie viel Geld haben sie dafür bezahlt?
c) Wie viel Euro hat der Reitlehrer insgesamt eingenommen?

Aufgaben:

Antwort c): _____

Punktrechnung und Strichrechnung in einer Aufgabe

1 **a)** 2 · 7 + 80 = ▢▢▢   **b)** 25 + 3 · 6 = ▢▢▢   **c)** 68 + 5 · 50 = ▢▢▢

d) 348 + 7 · 30 = ▢▢▢   **e)** 420 − 3 · 6 = ▢▢▢   **f)** 6 · 7 − 15 = ▢▢▢

g) 9 · 8 − 63 = ▢▢▢   **h)** 134 − 9 · 8 = ▢▢▢   **i)** 465 − 3 · 20 = ▢▢▢

> Lösungen zu **1** und **2** : 3 9 27 43 62 94 100 318 402 405 518 558 621

2 **a)** 210 : 30 − 4 = ▢▢▢   **b)** 93 + 490 : 70 = ▢▢▢

c) 522 − 320 : 80 = ▢▢▢   **d)** 651 − 180 : 6 = ▢▢▢

3 **a)** 3 · 5 + 6 · 10 = ▢▢   **b)** 4 · 60 − 2 · 90 = ▢▢

8 · 8 − 2 · 20 = ▢▢   8 · 30 + 3 · 80 = ▢▢

9 · 4 − 8 · 3 = ▢▢   8 · 10 − 4 · 20 = ▢▢

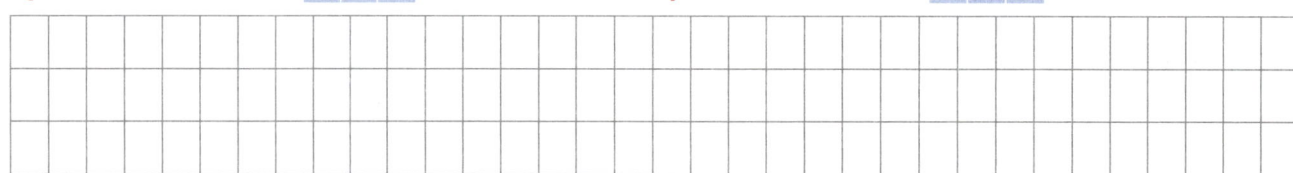

Punktrechnung geht vor Strichrechnung.

4 Setze das richtige Zeichen: < = > .

a) 3 · 9 + 2 · 8 ◯ 49   **b)** 7 · 20 − 32 ◯ 108   **c)** 4 · 6 + 3 · 5 ◯ 4 · 10 − 8

36 : 6 + 9 : 3 ◯ 12   500 : 10 − 25 ◯ 21   32 : 8 − 8 : 4 ◯ 6 : 2 + 2

Aufgaben mit Klammern

1 **a)** 5 · (9 + 6) = ☐☐

  8 · (16 − 9) = ☐☐

  6 · (4 + 8) = ☐☐

  3 · (6 + 4) = ☐☐

b) (23 + 7) · 4 = ☐☐☐

  (13 − 8) · 9 = ☐☐☐

  (27 + 3) · 8 = ☐☐☐

  (64 + 6) · 3 = ☐☐☐

MERKE DIR
Immer erst die Aufgabe
in der Klammer lösen.

30 45 56 72 75 120 210 240

2 **a)** (64 − 24) : 5 = ☐☐

  (30 + 60) : 3 = ☐☐

  (90 − 30) : 2 = ☐☐

  (80 + 40) : 4 = ☐☐

b) 350 : (15 − 8) = ☐☐

  600 : (20 + 40) = ☐☐

  800 : (90 − 50) = ☐☐

  420 : (40 + 20) = ☐☐

c) (420 − 60) : 60 = ☐

  (730 + 80) : 90 = ☐

  (540 − 90) : 50 = ☐

  (490 + 70) : 80 = ☐

6 7 7 8 9 9 10 20 30 30 30 50

3

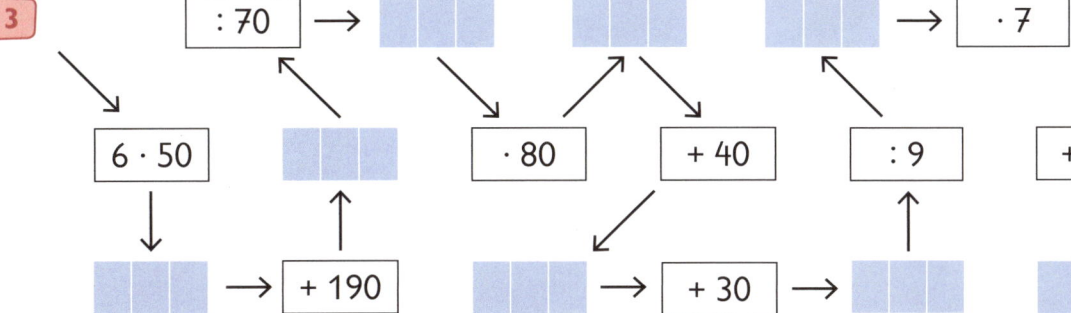

4 Finde die Aufgabe und löse sie.

Bilde die Summe aus 40 und 30
und multipliziere sie mit 9.

Bilde die Differenz aus 810 und 90
und dividiere sie durch 80.

Multipliziere die Differenz aus 90 und 70
mit der Zahl 50.

Dividiere die Summe aus 340 und 160
durch 50.

5 Setze das richtige Zeichen: < = > .

a) 3 · (30 + 40) ⬤ 5 · (70 − 50)

  8 · (40 + 60) ⬤ 4 · (240 − 40)

  9 · (20 + 30) ⬤ 6 · (150 − 60)

b) (210 + 40) · 2 ⬤ (50 + 30) : 8

  (900 − 600) · 3 ⬤ (450 − 150) · 2

  (250 + 150) : 50 ⬤ (25 + 15) : 5

Multiplizieren zweistelliger Zahlen mit einstelligen Zahlen

1 | 6 · 15 | | | 8 · 17 | | | 15 · 7 |

2 Immer zwei Aufgaben haben das gleiche Ergebnis. Färbe sie mit derselben Farbe.

| 6 · 18 | 12 · 9 | 8 · 12 | 14 · 6 | 18 · 5 | 7 · 12 | 6 · 15 | 12 · 6 |

| 16 · 6 | 3 · 12 | 16 · 3 | 15 · 4 | 4 · 18 | 18 · 2 | 4 · 12 |

| 5 · 12 |

3 | 8 · 45 | | | 34 · 7 | | | 28 · 8 |

4 Berechne.

| das 5-Fache von 93 | das 7-Fache von 89 | das 9-Fache von 53 |

Dividieren zweistelliger Zahlen durch einstellige Zahlen

1 **a)** 75 : 5 = ⬜⬜ **b)** 84 : 4 = ⬜⬜ **c)** 33 : 3 = ⬜⬜

54 : 3 = ⬜⬜ 64 : 2 = ⬜⬜ 80 : 5 = ⬜⬜

88 : 4 = ⬜⬜ 96 : 8 = ⬜⬜ 90 : 6 = ⬜⬜

98 : 7 = ⬜⬜ 90 : 5 = ⬜⬜ 84 : 7 = ⬜⬜

11	12	12
14	15	15
16	18	18
21	22	32

2 Rechne. Was stellst du fest?

a)

:	2	3	6	7
84				
42				

_____

_____

b)

:	2	3	4	6
48				
96				

_____

_____

3 Ordne den Aufgaben die Lösung zu.

64 : 4   57 : 3   42 : 2

80 : 5   95 : 5   32 : 2

76 : 4   63 : 3   84 : 4

21   19   16

3 x ⬛   3 x ⬛   3 x ⬛

4

Der Dividend ist 69.
Der Divisor ist 3.
Berechne den Quotienten.

Welche Zahlen zwischen
60 und 80 lassen sich durch
3 und 4 teilen?

Die Faktoren sind
8 und 22. Berechne
das Produkt.

1: Dividieren 2: Dividieren in Tabellen; Halbierung/Verdopplung der Ergebnisse erkennen
3: Aufgaben den Lösungen zuordnen 4: Inhalt erfassen; Aufgabe finden und lösen

SB 104–105 TÜ 45 49

Multiplizieren und Dividieren

1   **a)** 15 · 2 = 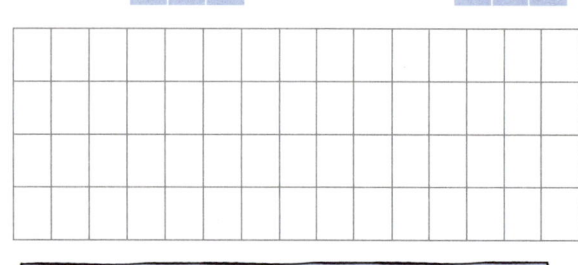   **b)** 25 · 2 =   **2**   **a)** 96 : 2 = 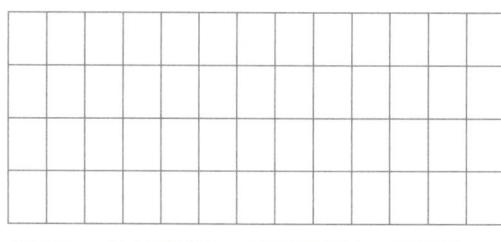   **b)** 96 : 8 =

30 · 2 =   25 · 4 =   48 : 2 =   96 : 6 =

45 · 2 =   25 · 6 =   24 : 2 =   96 : 4 =

90 · 2 =   25 · 8 =   12 : 2 =   96 : 2 =

| 30 | 50 | 60 | 90 | 100 | 150 | 180 | 200 |

| 6 | 12 | 12 | 16 | 24 | 24 | 48 | 48 |

3   Setze das richtige Zeichen: < = > .

a)   4 · 15 ◯ 2 · 35   **b)**   84 : 4 ◯ 66 : 3   **c)**   9 · 22 ◯ 4 · 63

7 · 21 ◯ 8 · 18   68 : 2 ◯ 99 : 3   95 : 5 ◯ 38 : 2

6 · 12 ◯ 7 · 13   70 : 5 ◯ 51 : 3   8 · 55 ◯ 6 · 72

4   In einer Konservenfabrik werden Dosen mit Früchten in Kartons verpackt.
In einen Karton kommen immer 8 Dosen.
Wie viele Kartons werden für 96 Dosen benötigt?

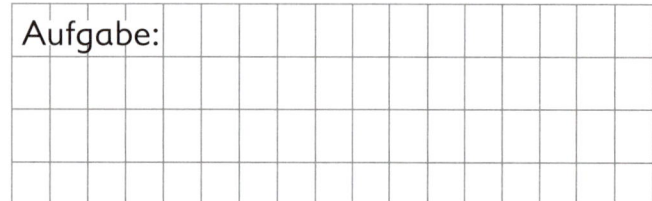

Aufgabe: Antwort: _____

_____

_____

5   Eine Wandergruppe will täglich 32 km wandern. Sie ist eine Woche unterwegs und
legt nur einen Ruhetag ein. Wie viele Kilometer wandert die Gruppe in der Woche?

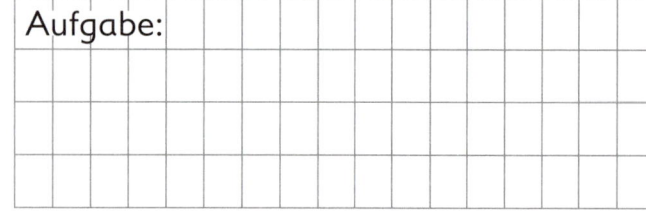

Aufgabe: Antwort: _____

_____

_____

Vergleichen von Flächen

1 Ordne die Flächen nach ihrer Größe.

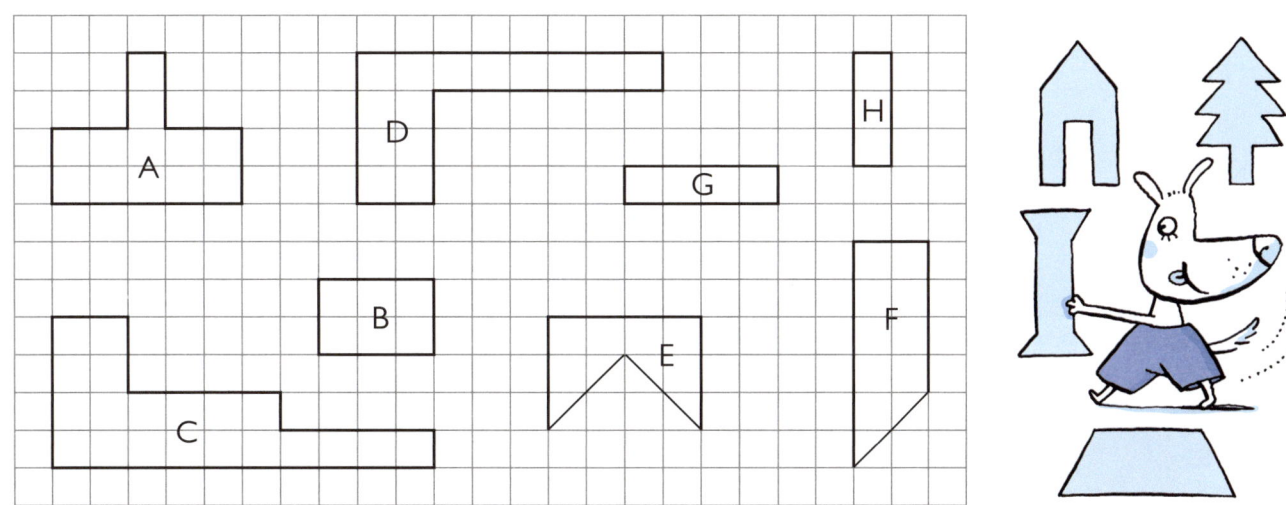

Beginne mit der größten Fläche: _____

2 Wie oft passt das Quadrat in die Figuren?
Wie oft passe das Dreieck in die Figuren?

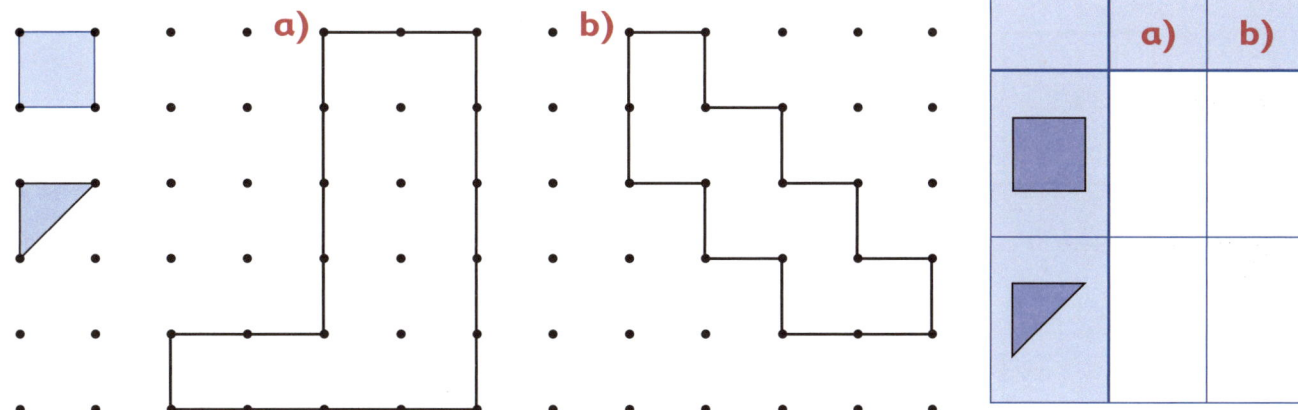

3 **a)** Welche Figur ist doppelt so groß wie die Figur B?
Antwort: Die Figur ▢ ist doppelt so groß wie die Figur B.

b) Stimmt es, dass die Figur A halb so groß wie die Figur D ist? Antwort: _____
Begründe: _____

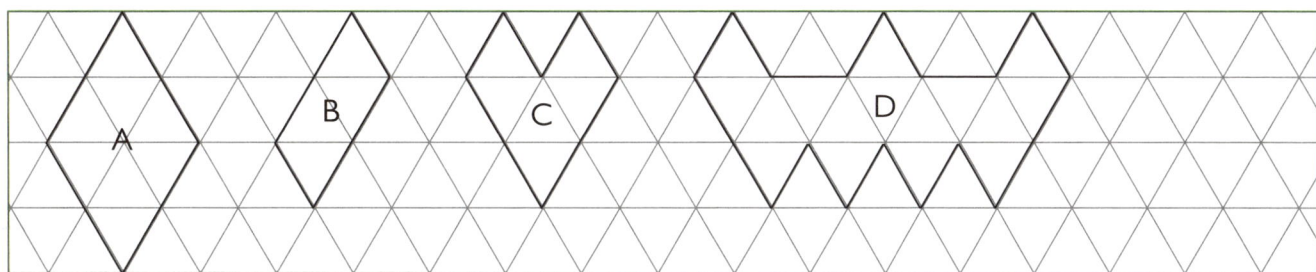

Vergrößern – Verkleinern

1 Zeichne die Katze doppelt so groß.

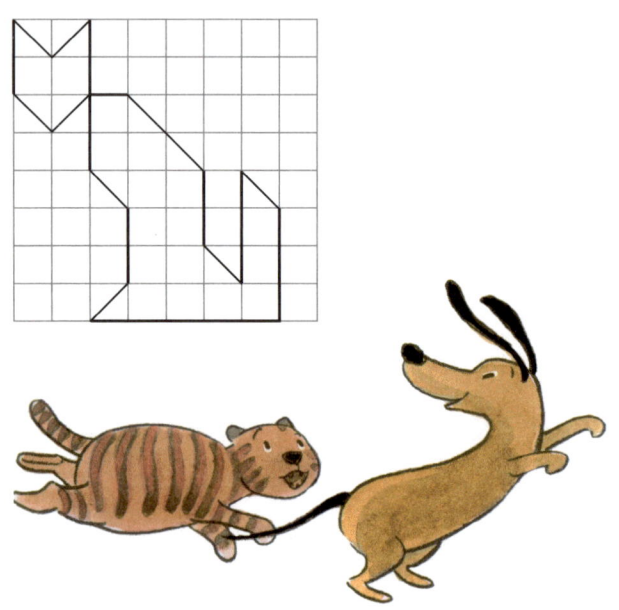

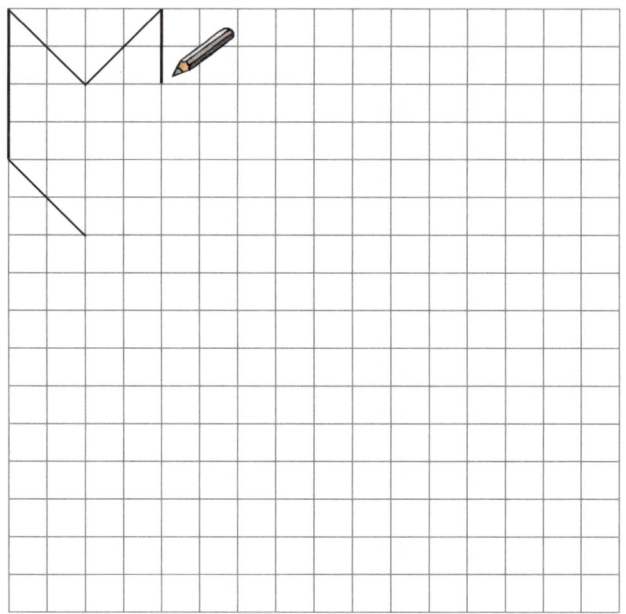

2 Zeichne den Vogel halb so groß.

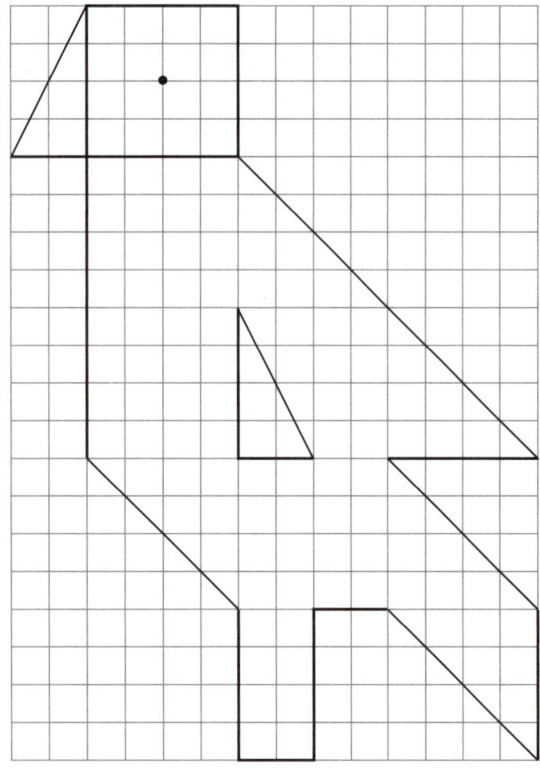

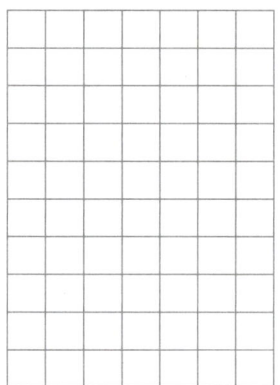

Zeichnen von Kreisen

1 **a)** Gib den Radius und den Durchmesser des roten Kreises an.

r = ▢▢ mm   d = ▢▢ mm

r = ▢ cm   d = ▢ cm

b) Zeichne um M einen Kreis mit einem Durchmesser, der 1 cm größer als der des roten Kreises ist.

×
M

c) Zeichne um M einen Kreis mit einem Durchmesser, der 1 cm kleiner als der des roten Kreises ist.

2 Zeichne die Kreismuster weiter. Male sie farbig aus.

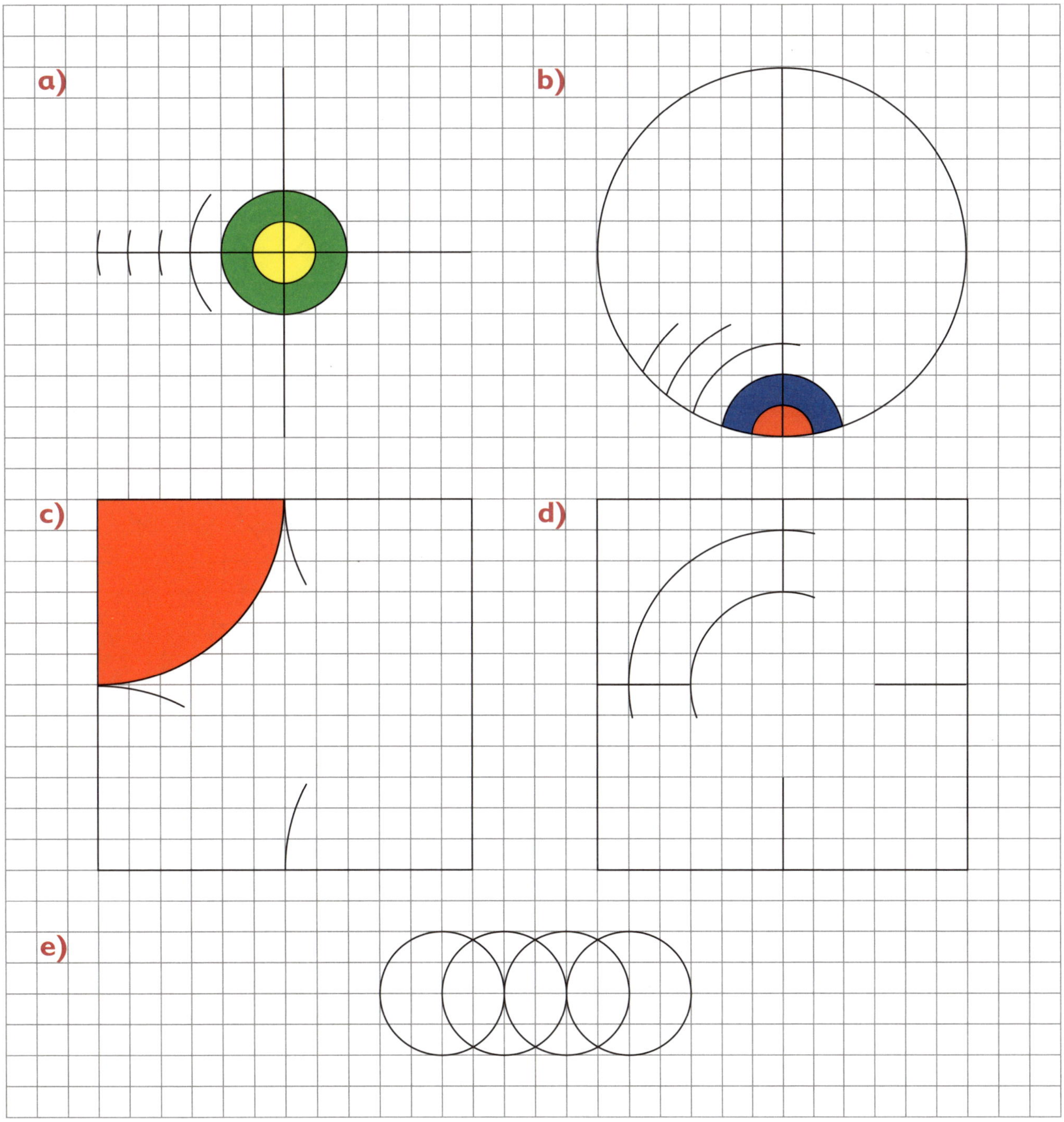

a)

b)

c)

d)

e)

Achsensymmetrische Figuren

1 Finde möglichst viele Symmetrieachsen. Zeichne sie rot ein.
Male die Muster symmetrisch aus.

2 Ergänze zu symmetrischen Figuren.

a)

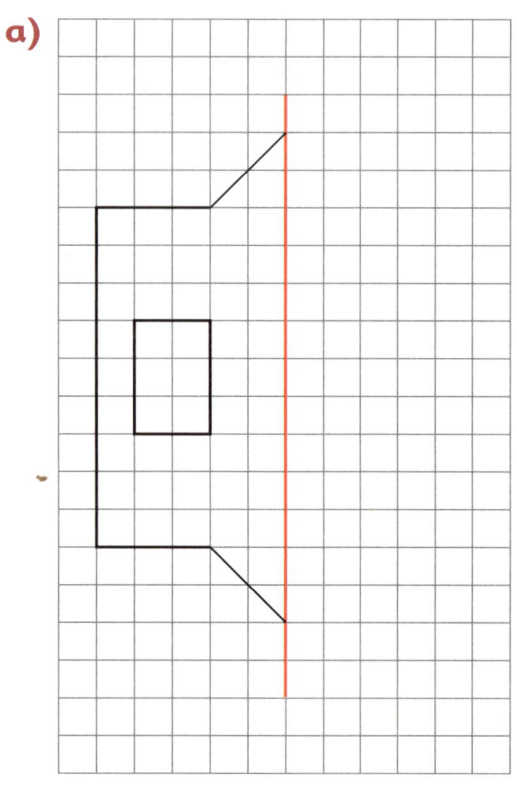

b)

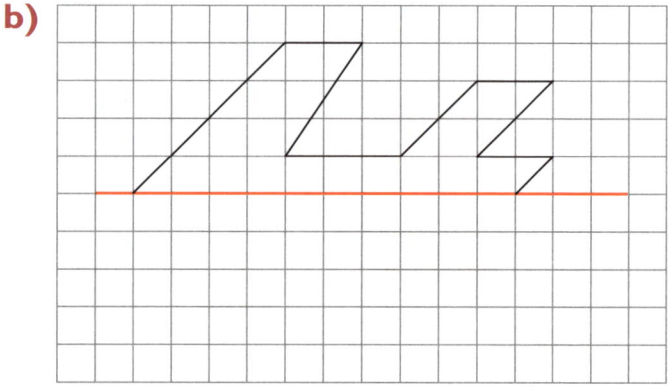

c)

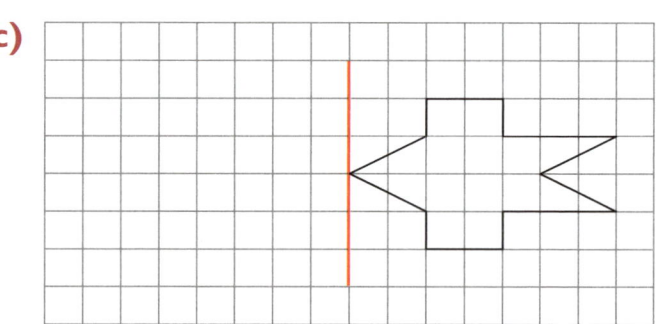

1: Symmetrieachsen finden und einzeichnen; Muster symmetrisch färben
2: Zu achsensymmetrischen Figuren ergänzen

Achsensymmetrische Figuren – Bandornamente

1 Ergänze zu symmetrischen Figuren.
Welche Tiere könnten es sein?

a)

b)

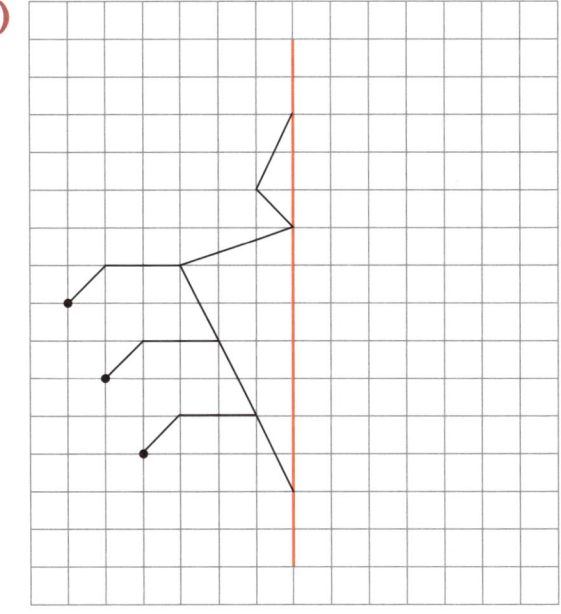

2 Zeichne das Bandornament weiter.

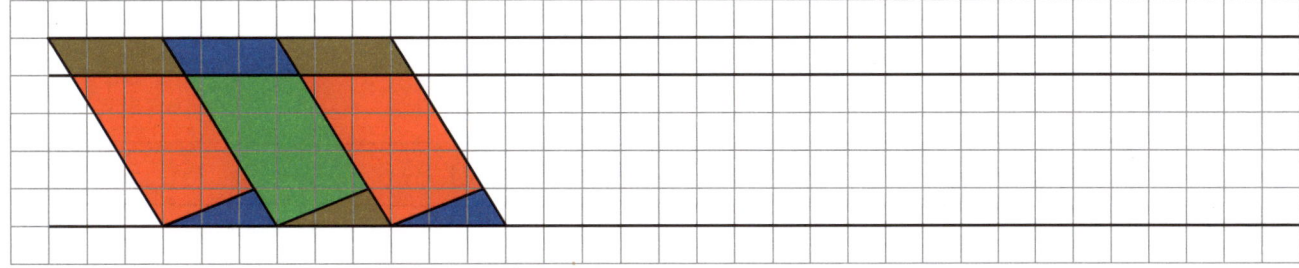

3 Die Bandornamente enthalten Fehler. Kreise die Fehler ein.

a)

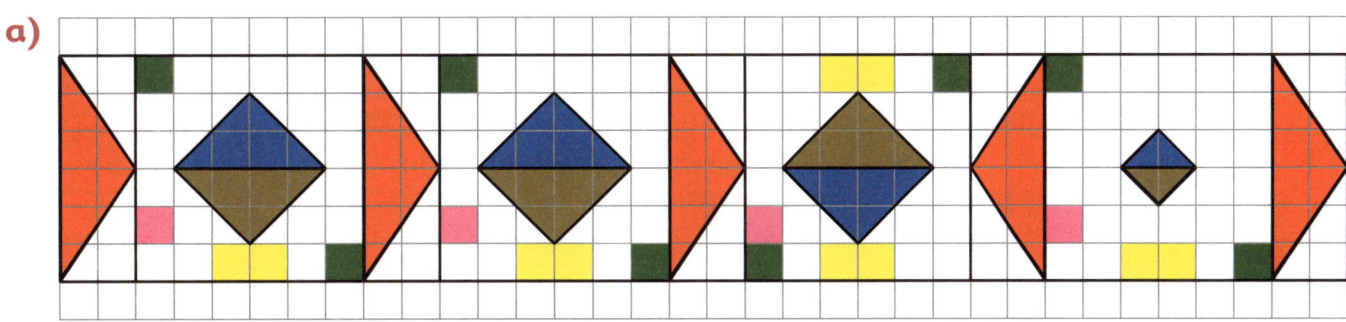

b)

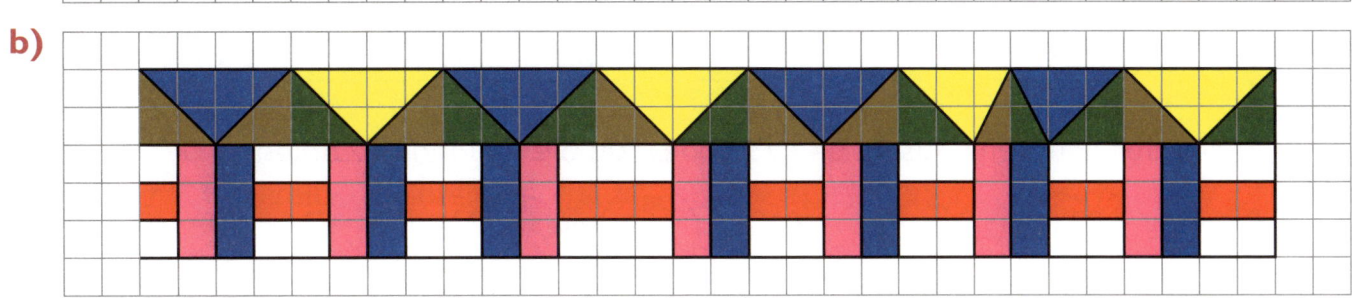

Multiplizieren zweistelliger Zahlen mit Zehnerzahlen

1

$30 \cdot 27$ $23 \cdot 30$ $40 \cdot 23$

2

$70 \cdot 13$ $43 \cdot 20$ $16 \cdot 60$

3 Hier kannst du vorteilhaft rechnen. $20 - 1 = 19$

$50 \cdot 19$ $29 \cdot 30$ $39 \cdot 20$

Lösungen zu **1** **2** **3** : 690 780 810 860 870 910 920 950 960

4 Der Kranfahrer steigt jeden Tag 40 Stufen zu seiner Kabine hoch. Wie viele Stufen steigt er in einem Monat mit 23 Arbeitstagen hoch und runter?

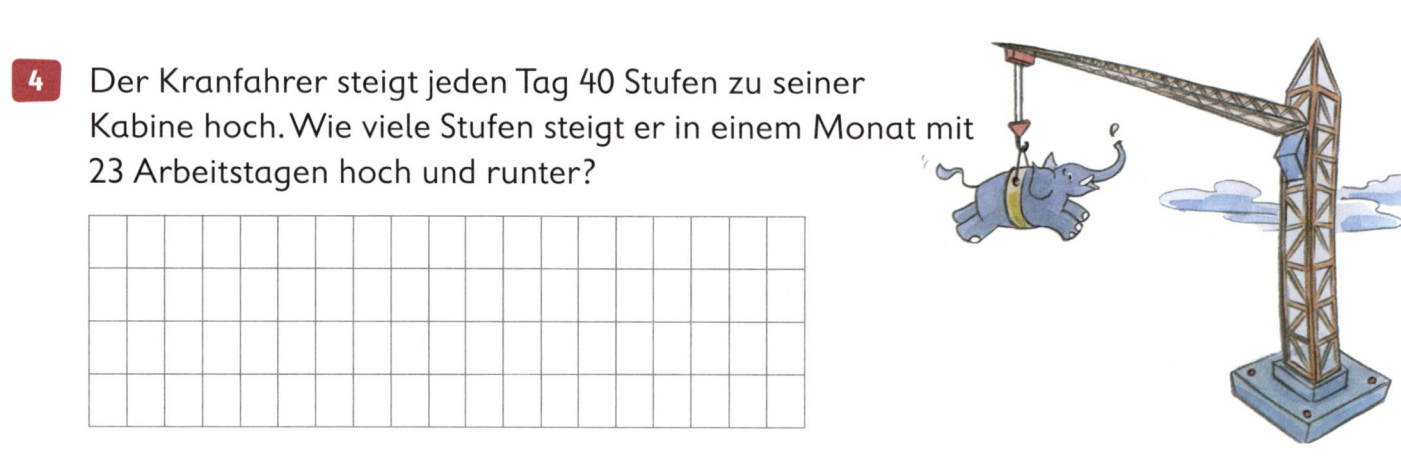

Antwort: _____

5 Mit der Differenz aus 42 und 28 findest du die fehlenden Zahlen.

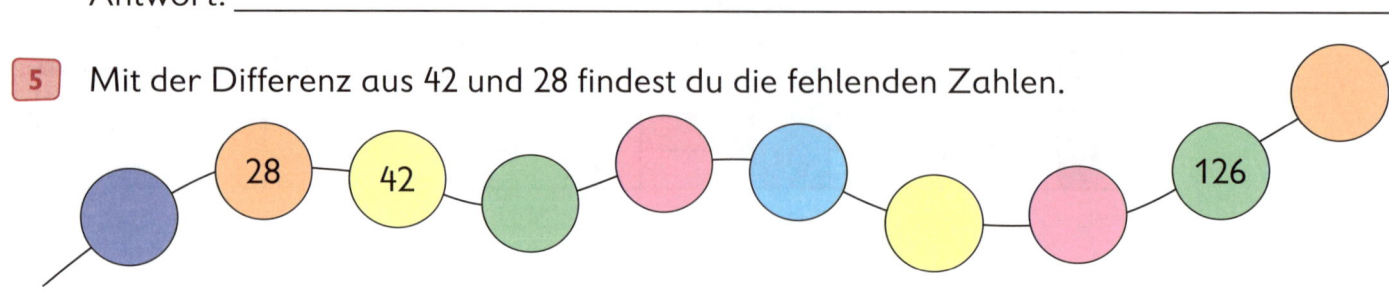

28   42   126

Multiplizieren ohne Übertrag

1

H	Z	E			H	Z	E			H	Z	E			H	Z	E	
3	1	4	· 2		2	3	1	· 3		4	4	2	· 2		1	2	0	· 4
	H	Z	E			H	Z	E			H	Z	E			H	Z	E

480 628
693 884

2 Rechne erst den Überschlag und multipliziere dann.

Ü:
342 · 2

Ü:
102 · 4

Ü:
233 · 3

Ü:
113 · 3

Ü:
423 · 2

Ü:
301 · 3

339
408
684
699
846
903

3

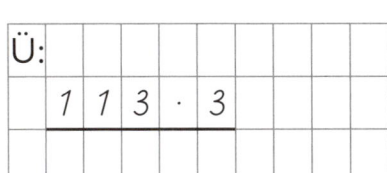 Berechne das Dreifache von 123.

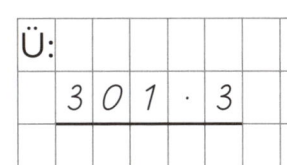 Berechne das Doppelte von 434.

Berechne das Sechsfache von 111.

Punktrechnung geht vor Strichrechnung!

4

| 2 · 3 2 0 + 2 7 8 |
| 6 4 0 + 2 7 8 |

| 2 7 8 + 3 · 2 1 2 |

| 4 · 2 1 2 − 3 · 1 0 3 |

Erst die Aufgabe in der Klammer lösen, dann multiplizieren.

| (2 7 8 + 1 5 4) · 2 |

| 3 · (7 2 2 − 4 8 9) |

539
699
864
914
918

Multiplizieren mit Übertrag

1 Überschlage zuerst, multipliziere dann.

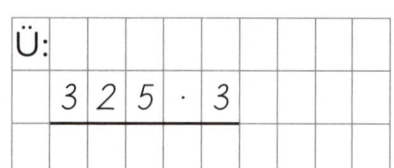 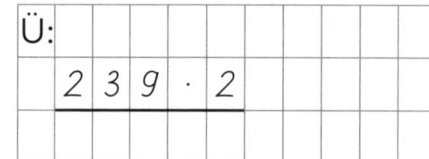

Ü:
3 2 5 · 3

Ü:
2 3 9 · 2

Ü:
1 1 8 · 4

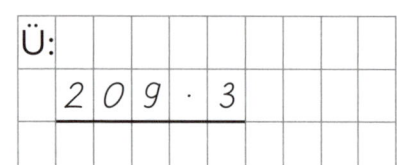 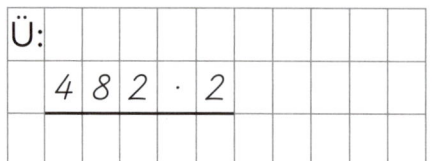 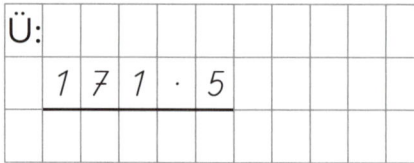

Ü:
2 0 9 · 3

Ü:
4 8 2 · 2

Ü:
1 7 1 · 5

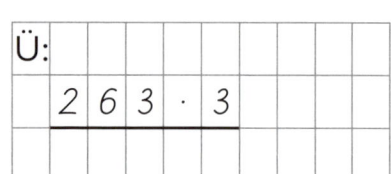

Ü:
2 6 3 · 3

Ü:
9 3 · 3

Ü:
1 9 4 · 4

279 472 478 627 776 789 855 964 975

2 Welcher Schmetterling setzt sich auf welche Blume? Male mit derselben Farbe aus.

116 · 8   135 · 7   198 · 3   76 · 9   108 · 6

684   945   648   928   594

3 Lisas Vati fährt mit seinem Auto zur Arbeit.
Die Strecke von zu Hause bis zum Betrieb ist 89 km lang.
Wie viele Kilometer fährt er von Montag bis Freitag?

Aufgabe:

Antwort: _____

_____

_____

1 und 2: Schriftliche Multiplikation mit/ohne Überschlag
3: Inhalt erfassen; Aufgabe finden, lösen und antworten

Dividieren dreistelliger Zahlen durch einstellige Zahlen

1

$2\ 4\ 0\ :\ 5$

$2\ 2\ 0\ :\ 4$

$4\ 4\ 0\ :\ 8$

$1\ 0\ 5\ :\ 7$

$1\ 5\ 9\ :\ 3$

$9\ 0\ 9\ :\ 9$

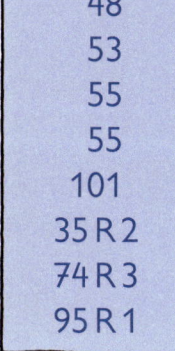

Lösungen zu **1 2**:

15
48
53
55
55
101
35 R 2
74 R 3
95 R 1

2 Aufpassen! Hier bleibt beim Dividieren ein Rest.

$1\ 9\ 1\ :\ 2$

$3\ 7\ 3\ :\ 5$

$1\ 4\ 2\ :\ 4$

3 Vervollständige zuerst die Aufgabenfolgen. Dividiere dann.

a)
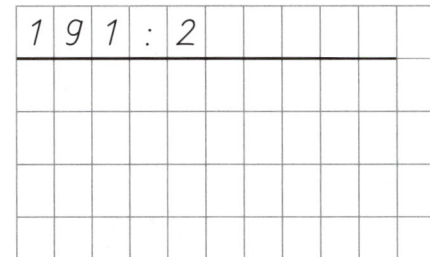

189 : 9 =
180 : 9 =
171 : 9 =
   :   =
   :   =

b)
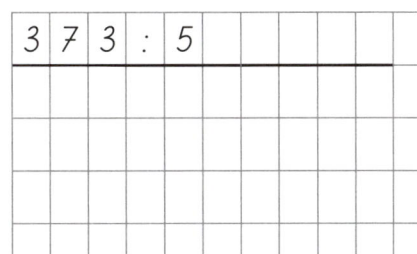

147 : 7 =
154 : 7 =
161 : 7 =
   :   =
   :   =

c)
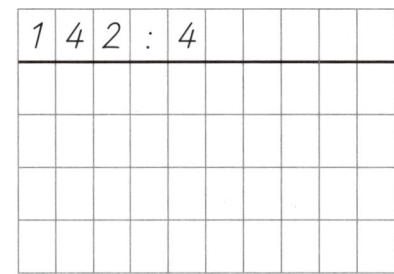

320 : 8 =
336 : 8 =
352 : 8 =
   :   =
   :   =

4 Von 104 Kindern der 3. Klassen trainiert die Hälfte in einer Sportgruppe.
Ein Viertel der Kinder arbeitet regelmäßig in der Töpfer-Werkstatt.

Fragen: _____

_____

Aufgaben:

Antworten: _____

Multiplizieren und Dividieren

1 Bilde Aufgabenfamilien.

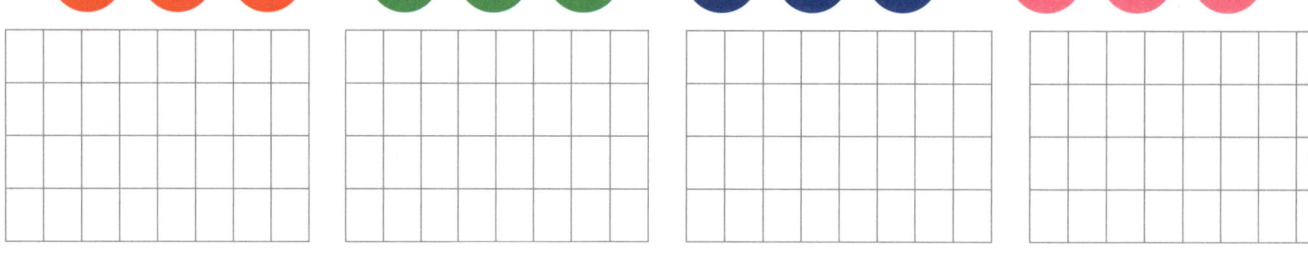

a) 4 43 172 **b)** 6 33 198 **c)** 42 7 294 **d)** 5 125 25

---

2 Anna hat drei CDs gekauft. Auf jeder CD sind 80 Minuten Musik.
Wie viele Stunden Musik kann sie hören?

Aufgabe:

Antwort: _____

_____

---

3 Ben fährt mit dem Fahrrad zur Schule. In einer Minute fährt er ungefähr
195 m. Für die Fahrt zur Schule braucht er ungefähr 5 min.
Anna kommt zu Fuß zur Schule. Sie legt in einer Minute eine Strecke
von ungefähr 74 m zurück. Für den Schulweg benötigt sie 8 min.
Wer von den beiden hat den längeren Schulweg?

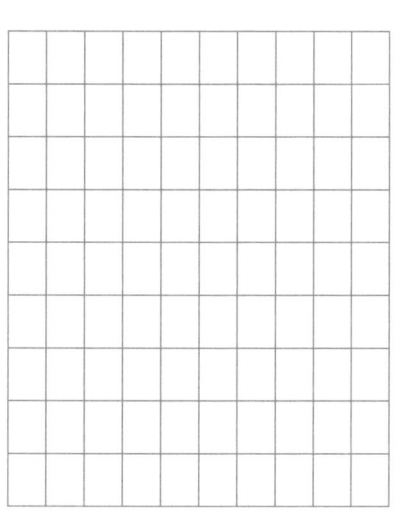

Aufgaben:

Antwort: _____

---

4 Rechne und male die Felder mit den Ergebnissen aus.   Rechne hier:

54 · 4   248 : 8   3 · 83   330 : 5   7 · 52

288 : 6   4 · 81   192 : 6   41 · 8

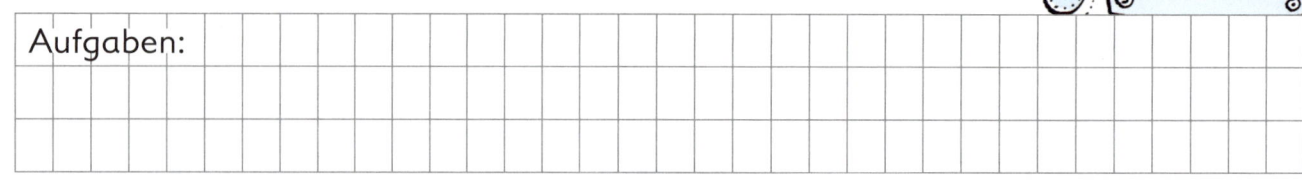

248 164 224 328 290
272 216 249 322
36 48 364 116 248 160
132 324 66 31 47
32 13 25 189
333 184 25

60

1: Aufgabenfamilien bilden   2 und 3: Inhalt erfassen; Aufgaben finden, lösen und antworten
4: Multiplizieren/Dividieren; Ergebnisse ausmalen

SB 122–123 **TÜ** 56

Minuten – Sekunden – Uhrzeit

1 Gib jeweils die Vormittags- und die Nachmittagszeit an.

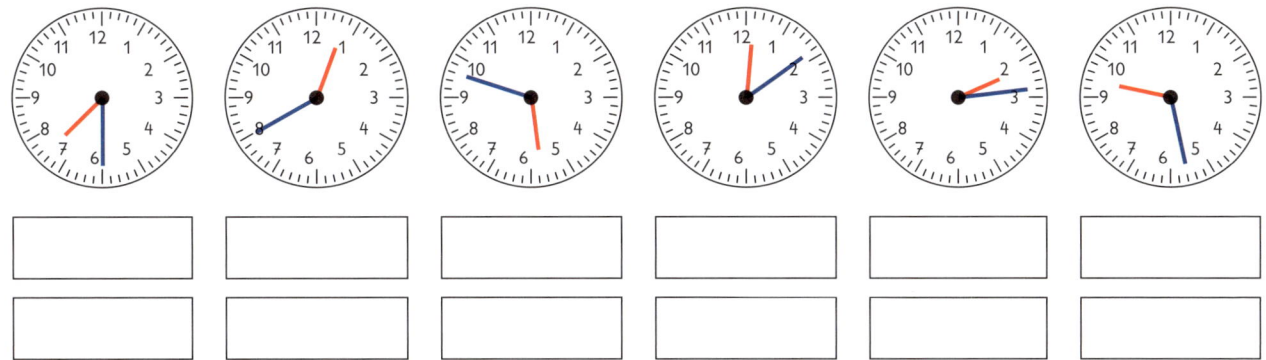

2 Zeichne die Zeiger ein und ergänze die Uhrzeiten.

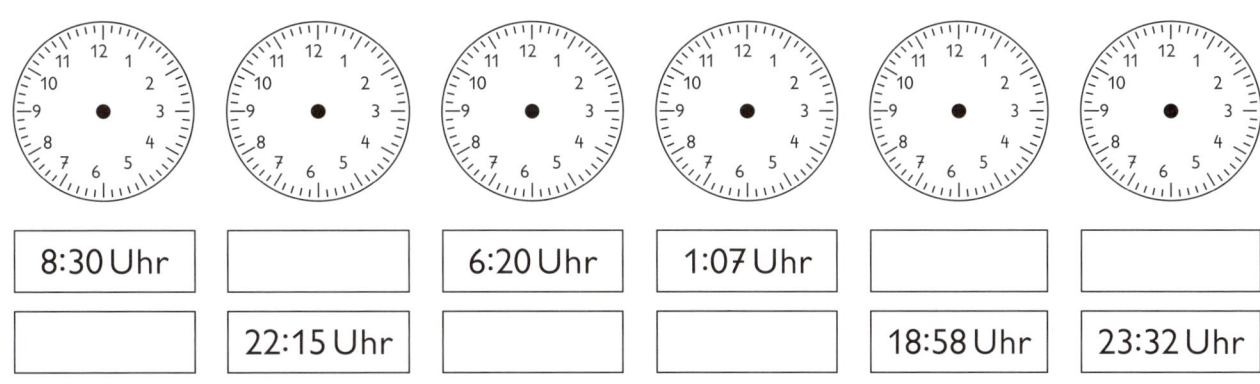

8:30 Uhr		6:20 Uhr	1:07 Uhr		
	22:15 Uhr			18:58 Uhr	23:32 Uhr

3 Schreibe auf, wie viele Sekunden seit 8:00 Uhr vergangen sind.

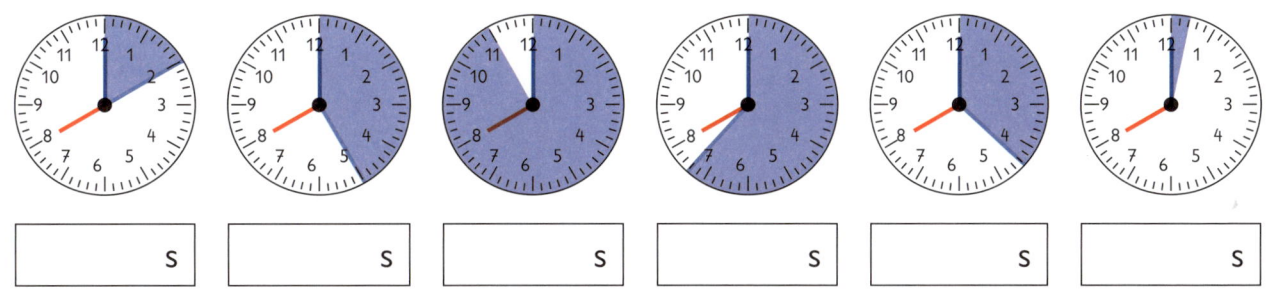

s	s	s	s	s	s

4 Rechne um.

a)

Stunden	1	3	7	$4\frac{1}{2}$	$2\frac{1}{4}$					
Minuten						120	240	45	90	360

b)

Minuten	1	5	8	10	3					
Sekunden						300	120	420	540	660

Alle Einheiten der Zeit – Zeitpunkt und Zeitdauer

1 **a)**

s	min
180	
600	
	4
	6
	9

b)

min	h
	$\frac{1}{2}$
15	
	$3\frac{1}{2}$
90	
	$5\frac{3}{4}$

c)

h	Tage
48	
96	
	3
	10
	5

d)

Tage	Wochen
14	
28	
	5
	12
105	

2 Ordne. Beginne mit der kürzesten Zeit.

a)   60 s   2 min   30 s   240 s   90 s   1 min 20 s   10 min

_____

b)   1 h   120 min $1\frac{1}{4}$ h   90 min   360 min $2\frac{1}{2}$ h

_____

Wie viel Zeit ist vergangen?

3 **a)**   + ▢▢ min →  **b)**  + ▢ h ▢ min →

 + ▢▢ min →   + ▢ h ▢ min →

 + ▢▢ min →   + ▢ h ▢ min →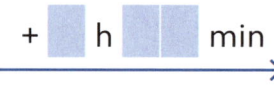

 + ▢▢ min →   + ▢ h ▢ min →

4 **a)** 6:20 Uhr + ▢▢ min → 6:45 Uhr **b)** 8:50 Uhr + ▢ h ▢ min → 10:10 Uhr

9:05 Uhr + ▢▢ min → 10:00 Uhr   10:45 Uhr + ▢ h ▢ min → 13:00 Uhr

20:53 Uhr + ▢▢ min → 21:17 Uhr   18:15 Uhr + ▢ h ▢ min → 21:20 Uhr

6:43 Uhr + ▢▢ min → 7:32 Uhr   5:36 Uhr + ▢ h ▢ min → 10:16 Uhr

Zeitpunkt und Zeitdauer

1 Tom erzählt: „Am Wochenende war ich mit meiner Familie im Zoo. Um 8:45 Uhr fuhren wir von zu Hause los. Die Hin- und Rückfahrt dauerte jeweils $1\frac{1}{2}$ h. Wir blieben bis 15:35 Uhr im Zoo. Es war ein toller Tag."

a) Trage die fehlenden Angaben in die Übersicht ein.

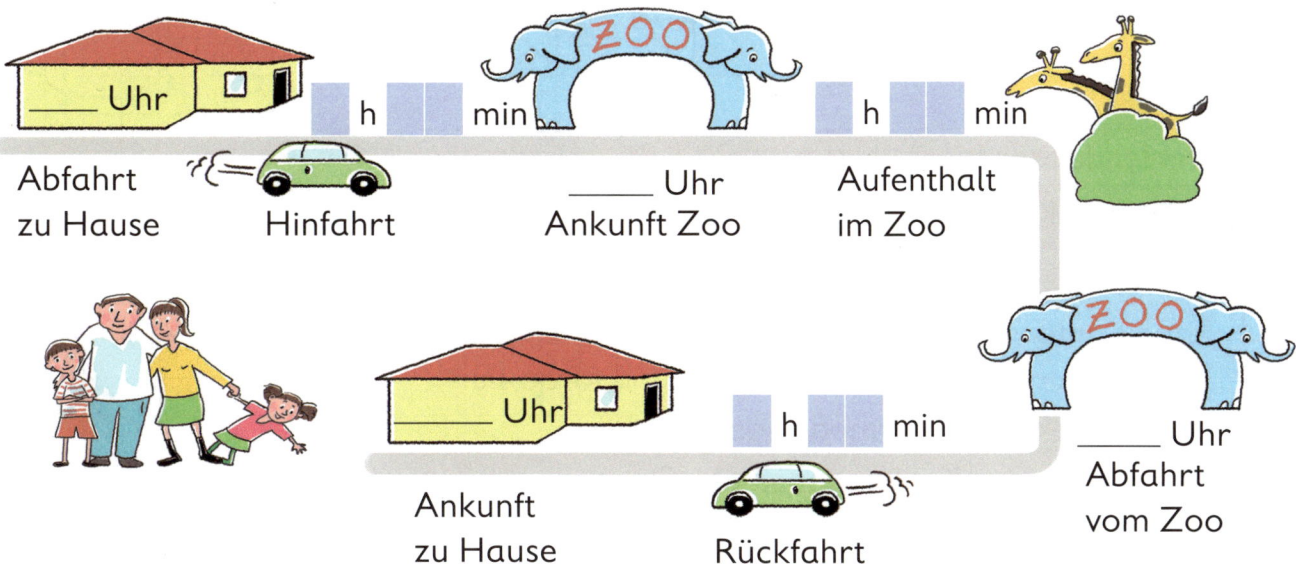

_____ Uhr

Abfahrt zu Hause

__ h __ min

Hinfahrt

_____ Uhr
Ankunft Zoo

__ h __ min

Aufenthalt im Zoo

Ankunft zu Hause

_____ Uhr

__ h __ min

Rückfahrt

_____ Uhr
Abfahrt vom Zoo

b) Beantworte mit Hilfe der Übersicht folgende Fragen.

Wann kam Tom mit seiner Familie im Zoo an? _____

Wie lange dauerte der Besuch im Zoo? _____

Wie lange dauerten die Hin- und Rückfahrt zusammen? _____

Wann waren Tom und seine Familie wieder zu Hause? _____

2 Trage die fehlenden Angaben in die Tabelle ein.

	Abfahrt	Fahrzeit	Ankunft
Maria	8:15 Uhr	50 min	Uhr
Lisa	5:40 Uhr		8:50 Uhr
Anna	Uhr	1 h 40 min	17:48 Uhr
Max	7:35 Uhr	6 h 23 min	Uhr
Ben	5:55 Uhr		14:02 Uhr
Tom	Uhr	4 h 20 min	11:17 Uhr

Würfel – Quader

1 Wie viele Stäbchen und Knetkügelchen fehlen an den Kantenmodellen?

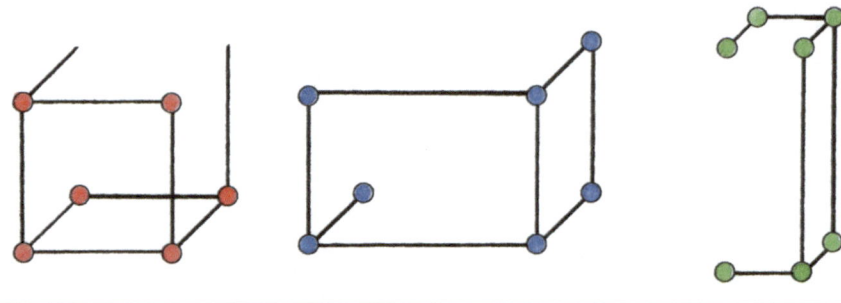

fehlende Stäbchen			
fehlende Kügelchen			

2 Baue Kantenmodelle eines Würfels und eines Quaders.
Wähle die passenden Stäbchen aus und färbe sie:

a) **rot** für das Kantenmodell des Würfels,

b) **blau** für das Kantenmodell des Quaders.

c) Gib an, wie viele Knetkügelchen du für die Ecken jedes
Modells benötigst.

☐☐ Knetkügelchen Würfel   ☐☐ Knetkügelchen Quader

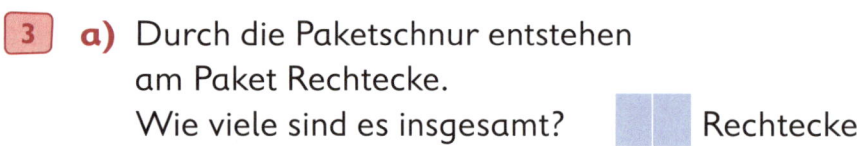
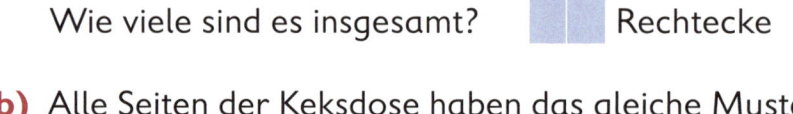
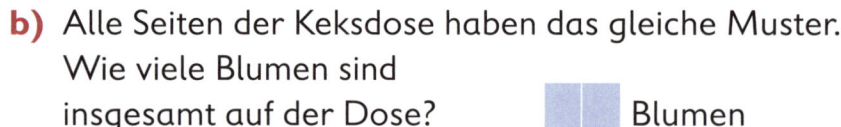

3 **a)** Durch die Paketschnur entstehen
am Paket Rechtecke.
Wie viele sind es insgesamt?   ☐☐ Rechtecke

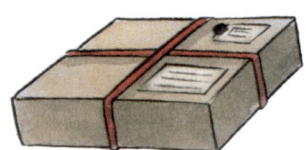

b) Alle Seiten der Keksdose haben das gleiche Muster.
Wie viele Blumen sind
insgesamt auf der Dose?   ☐☐ Blumen

4 Kippe diesen Würfel erst nach hinten, dann
nach rechts und dann noch einmal nach hinten.
Welche Augenzahlen siehst du nun?
Zeichne sie ein.

Würfelnetze

1 Die gegenüberliegenden Flächen der Würfel sollen die gleiche Farbe bekommen.
Färbe die Flächen in den Würfelnetzen **rot**, **blau** und **gelb**.

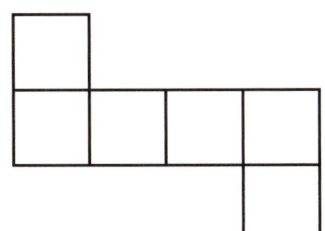
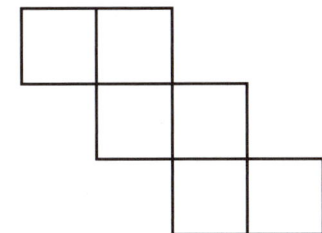

2 Vervollständige zu Würfelnetzen.

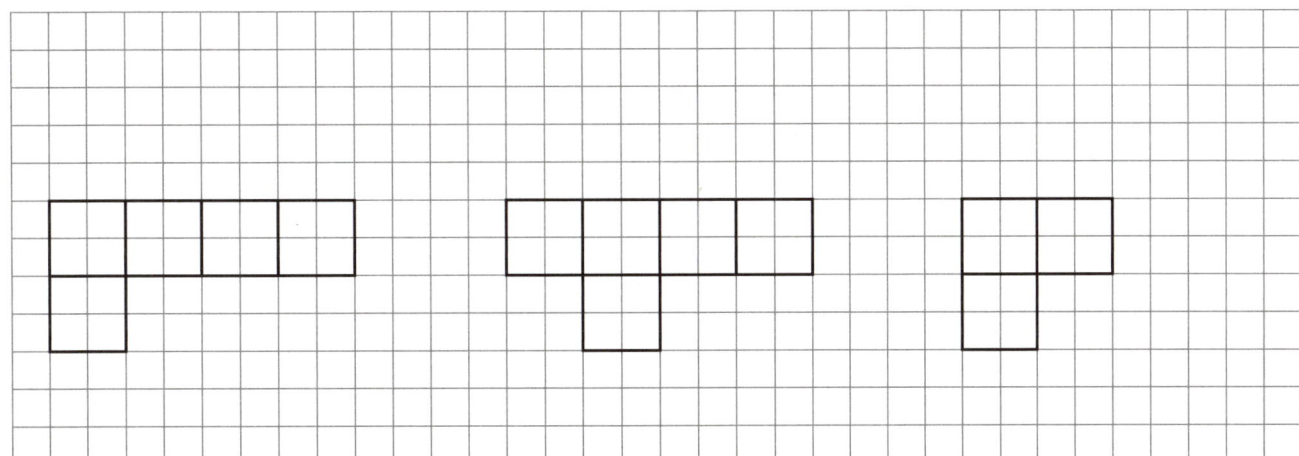

3 Ein Würfel hat die Kantenlänge von 25 mm.
Zeichne zu diesem Würfel ein Würfelnetz und zeichne die Augenzahlen ein.

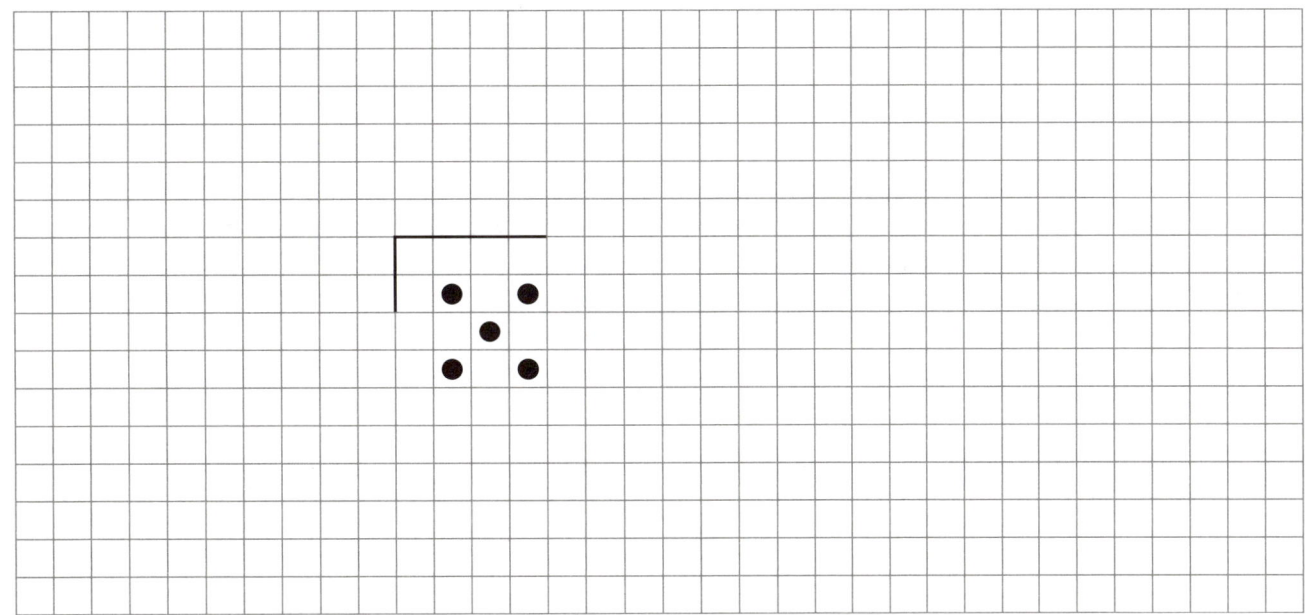

Quadernetze

1 Die gegenüberliegenden Flächen der Quader sollen die gleiche Farbe bekommen.
Färbe die Flächen in den Quadernetzen **rot**, **blau** und **gelb**.

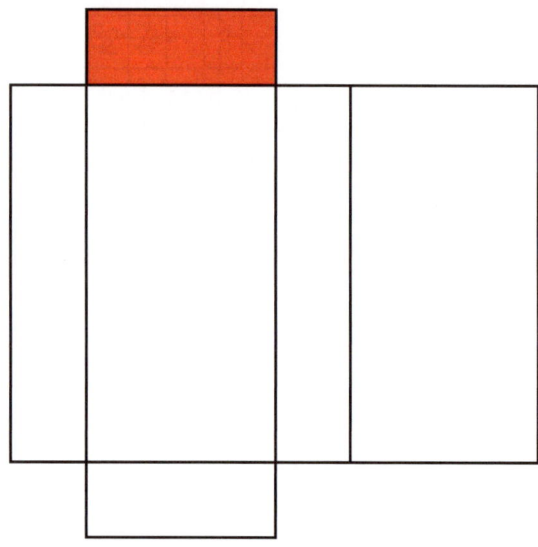 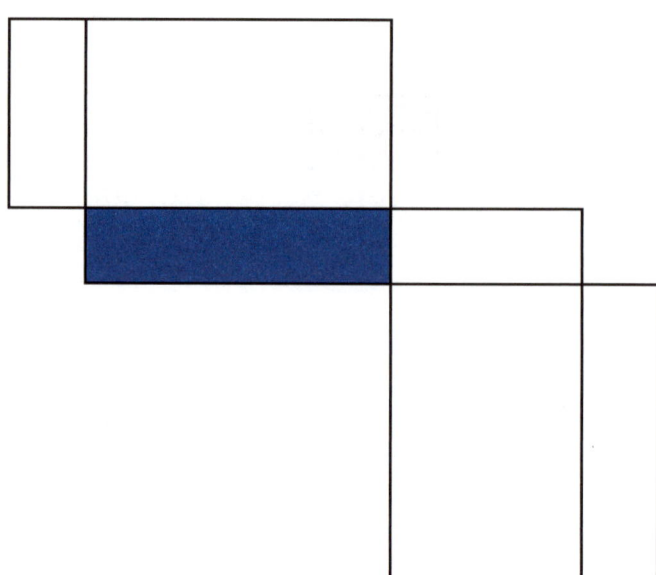

2 Ergänze zu Quadernetzen.

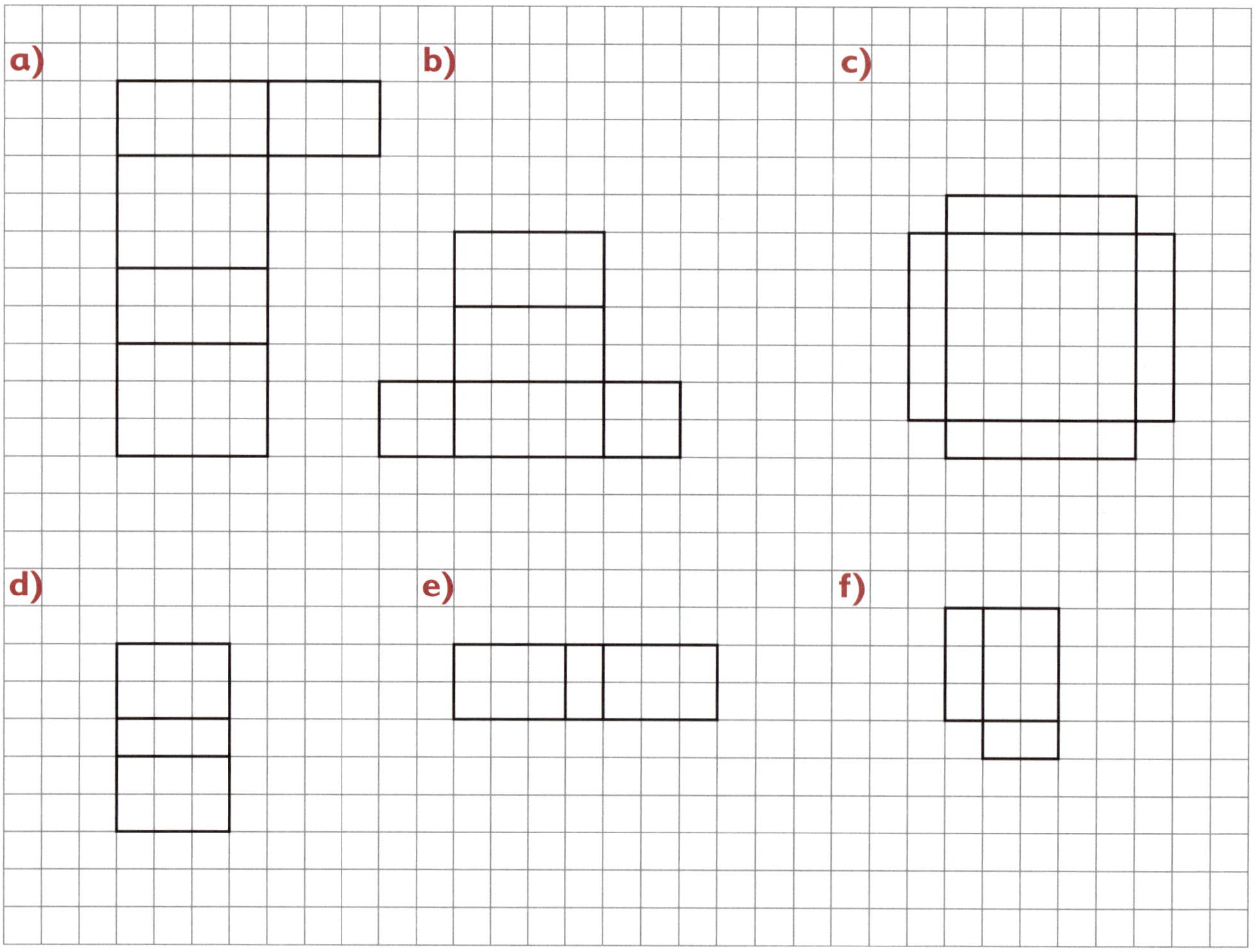

a)

b)

c)

d)

e)

f)

1: Gegenüberliegende Seiten erkennen und mit gleicher Farbe ausmalen
2: Quadernetze vervollständigen

Zeichnen und Bauen

1 Zeichne die Würfel fertig.

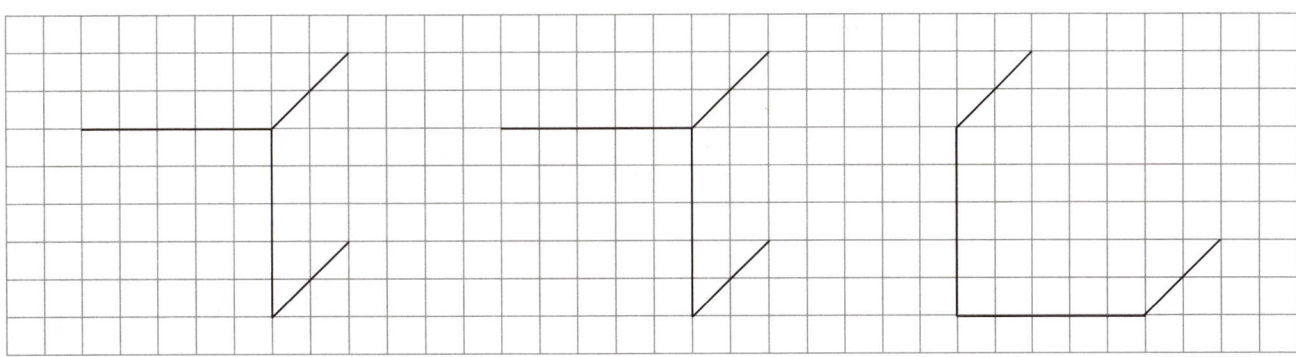

2 Zeichne die Quader fertig.

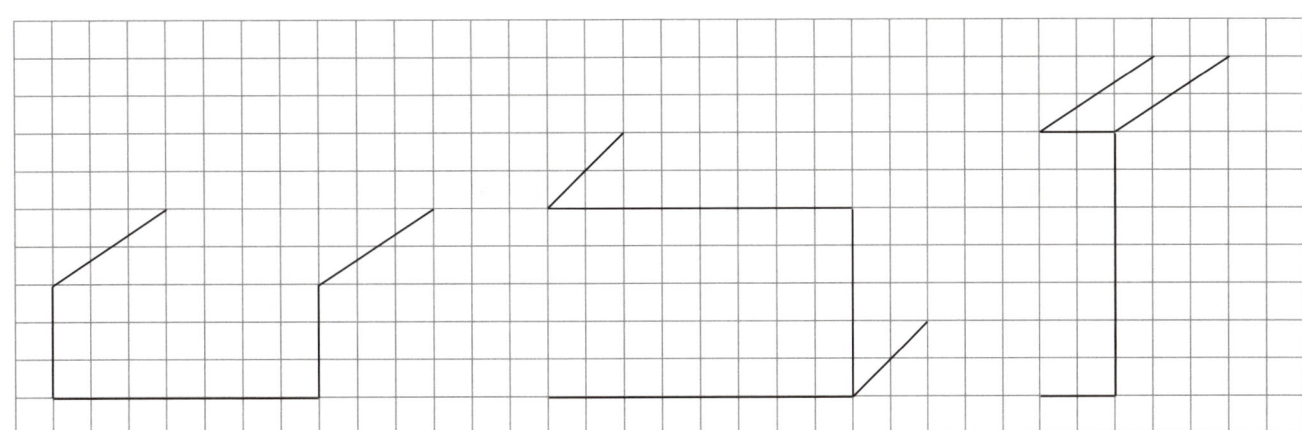

3 Baue mit Würfeln diesen Quader fertig.

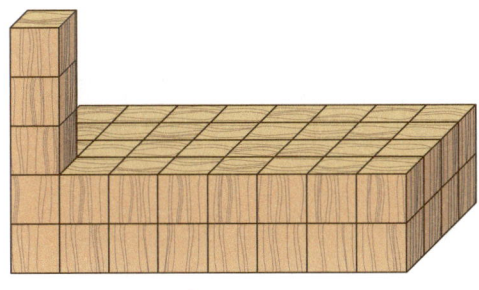

a) Wie viele Würfel benötigst du noch?

 Würfel

b) Wie viele Würfel hast du insgesamt benötigt?

Würfel

4 Auf diese Grundplatte werden noch 5 gleiche Platten gelegt.

a) Was für ein Körper entsteht dann?

Antwort: _____

b) Aus wie vielen Würfeln besteht dieser Körper?

Er besteht aus Würfeln.

Pyramide – Zylinder – Kegel

1 Trage die Namen der Körper sowie die Anzahl der Ecken und Kanten in die Tabelle ein.

Kegel
Würfel
Kugel
Pyramide
Zylinder
Quader

Körper	Name	Anzahl der Ecken	Anzahl der Kanten
A			
B			
C			
D			
E			
F			

2 Male aus.

Zylinder
Pyramide
Kegel
Quader
Kugel

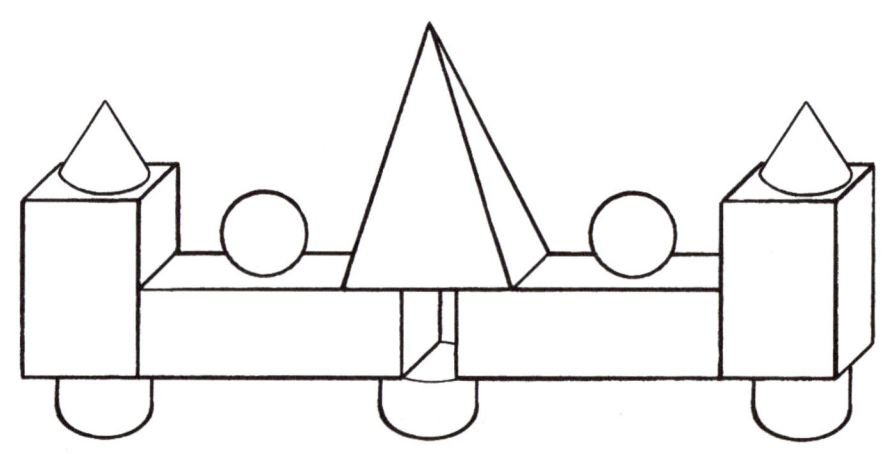

3 Male den Körper und das passende Körpernetz mit der gleichen Farbe aus.

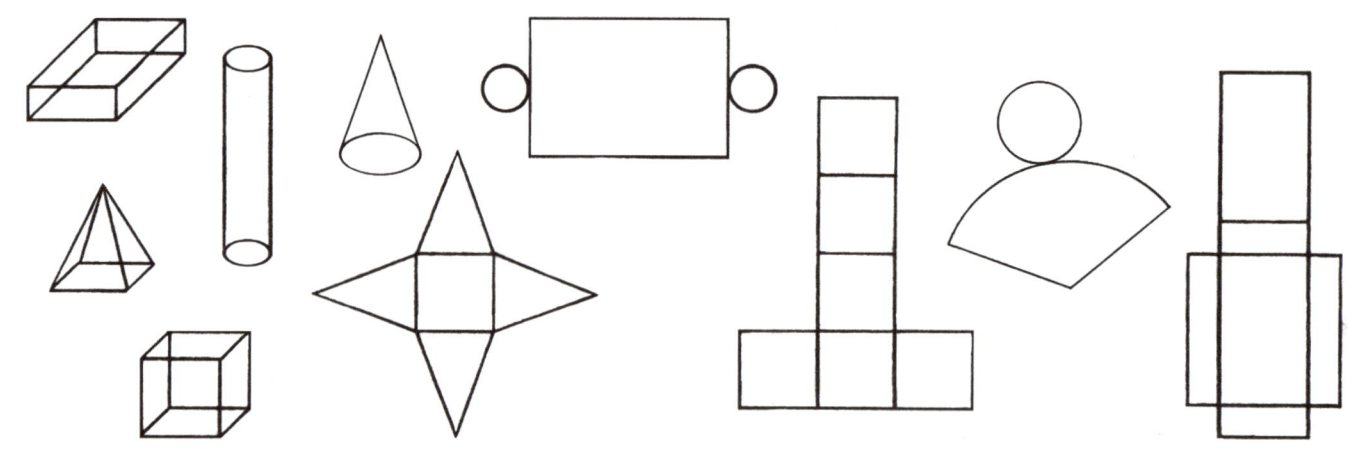

1: Namen den Körpern zuordnen; Anzahl der Ecken und Kanten bestimmen
2: Körper erkennen und in den angegebenen Farben färben   3: Körpernetze den Körpern zuordnen und färben   **SB** 134–135

Addieren und Subtrahieren

1 **a)**

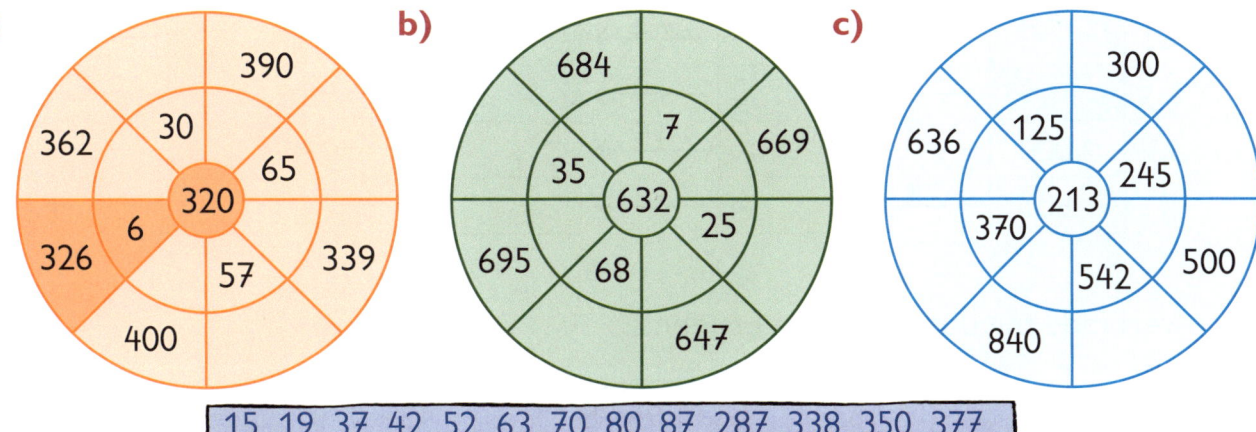

a) 390 30 65 320 6 57 400 326 362

b) 684 7 669 35 632 25 68 695 647

c) 300 125 245 213 370 542 500 840 636

```
15  19  37  42  52  63  70  80  87  287  338  350  377
385  423  458  583  627  639  657  667  700  755
```

2 Immer zwei Aufgaben haben das gleiche Ergebnis.
Male mit der gleichen Farbe aus.

| 218 + 8 | 645 − 28 | 300 − 74 | 846 − 423 |

| 615 + 45 | 766 − 106 | 680 − 63 | 350 + 73 |

3 **a)** 3 2 9 + 2 8 7   **b)** 2 9 2 + 8 7 + 1 2 6   **c)** 6 0 3 − 8 7 − 2 1 3

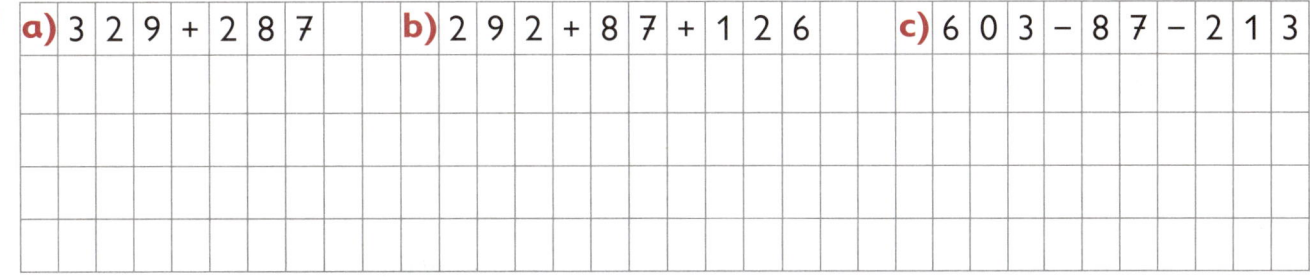

```
303  505  616  638    Aufpassen! Ein Ergebnis ist falsch.
```

4 **a)** Würfle mit drei Würfeln.
  Bilde aus den Augen die kleinste und die größte Zahl. ▢ , ▢

b) Addiere die beiden Zahlen. ▢ + ▢ = ▢

c) Subtrahiere die beiden Zahlen voneinander. ▢ − ▢ = ▢

d) Wiederhole **a)** bis **c)** drei Mal. Trage deine Ergebnisse unten ein.
  Was stellst du fest?

1. Mal:

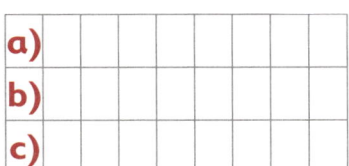

a)
b)
c)

2. Mal:

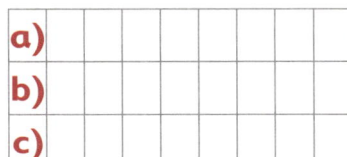

a)
b)
c)

3. Mal:

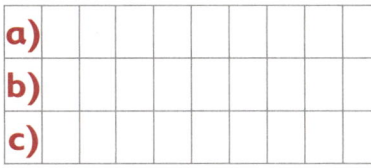

a)
b)
c)

Bei den Ergebnissen zu **b)** fällt mir auf: _____

Bei den Ergebnissen zu **c)** fällt mir auf: _____

Multiplizieren und Dividieren

1
a) | 3 | $\xrightarrow{\cdot 5}$ | | $\xrightarrow{\cdot 2}$ | | $\xrightarrow{\cdot 7}$ | | $\xrightarrow{\cdot 4}$ | 840 |

b) | 4 | $\xrightarrow{\cdot 3}$ | | $\xrightarrow{\cdot 5}$ | | $\xrightarrow{\cdot 8}$ | | $\xrightarrow{\cdot 2}$ | 960 |

c) | 1000 | $\xrightarrow{:2}$ | | $\xrightarrow{:5}$ | | $\xrightarrow{:4}$ | | $\xrightarrow{:5}$ | 5 |

d) | 800 | $\xrightarrow{:4}$ | | $\xrightarrow{:5}$ | | $\xrightarrow{:2}$ | | $\xrightarrow{:10}$ | 2 |

Verbinde mit dem richtigen Ergebnis.

2

a)

4 · 17	152
8 · 19	512
5 · 35	68
64 · 8	175
38 · 7	552
92 · 6	266

b)

96 : 8	13
120 : 5	150
78 : 6	12
287 : 7	24
600 : 4	41
45 : 3	15

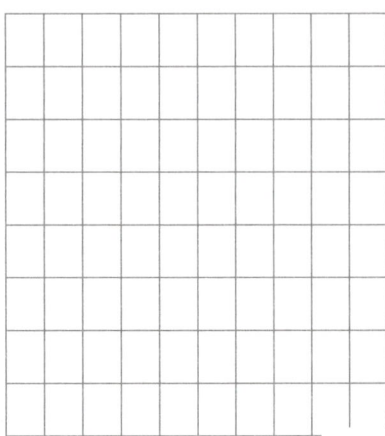

Punktrechnung geht vor Strichrechnung.

Aber erst kommt die Klammer dran!

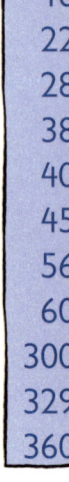

0
8
9
11
16
22
28
38
40
45
56
60
300
329
360

3

a)
4 · 3 + 4 =
15 : 5 + 6 =
30 + 48 : 6 =
42 − 4 · 5 =
56 − 7 · 8 =

b)
5 · (2 + 6) =
7 · (8 − 4) =
(6 − 1) · 9 =
66 : (10 − 4) =
48 : (10 − 4) =

c)
6 · (54 − 4) =
2 · 32 − 4 =
8 · 40 + 9 =
(34 − 25) · 40 =
60 : 3 + 36 =

4 Setze die Rechenzeichen + − · : richtig ein.

a)
4 ⬤ 5 ⬤ 6 = 14
30 ⬤ 6 ⬤ 8 = 40
12 ⬤ 3 ⬤ 9 = 4
24 ⬤ 4 ⬤ 3 = 18
100 ⬤ 5 ⬤ 20 = 40

b)
30 ⬤ 3 ⬤ 25 = 65
180 ⬤ 60 ⬤ 6 = 18
70 ⬤ 6 ⬤ 210 = 210
18 ⬤ 18 ⬤ 36 = 0
60 ⬤ 5 ⬤ 100 = 3

Addieren und Subtrahieren – Sachaufgaben

1 Familie Glaser kommt aus Stralsund.
Zuerst besuchen sie Freunde in Berlin.
Von dort fahren sie nach Hamburg.
Zuletzt besuchen sie die Oma
in Hannover.
Wie viele Kilometer sind sie
insgesamt gefahren?

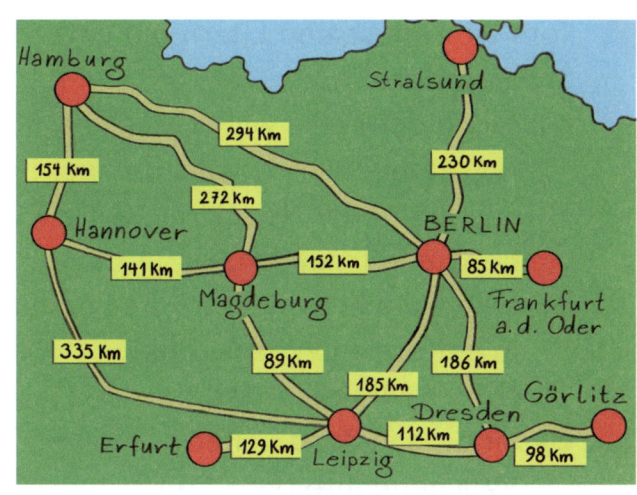

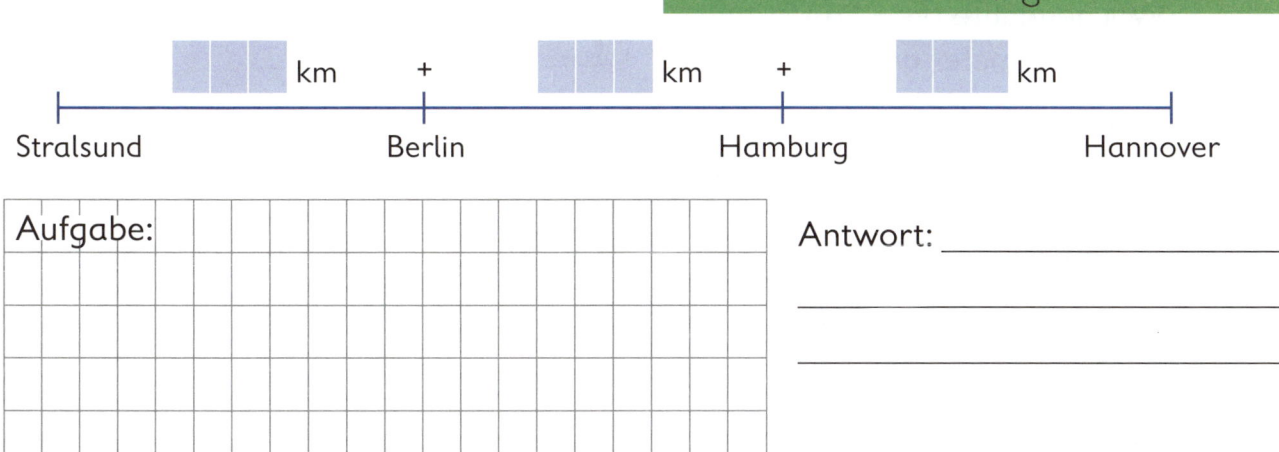

| | km | + | | km | + | | km |

Stralsund   Berlin   Hamburg   Hannover

Aufgabe:

Antwort: _____

_____

_____

2 Frau Knut möchte von Hamburg nach Dresden fahren.
Probiere verschiedene Wege aus. Welcher Weg ist der kürzeste und wie lang ist er?

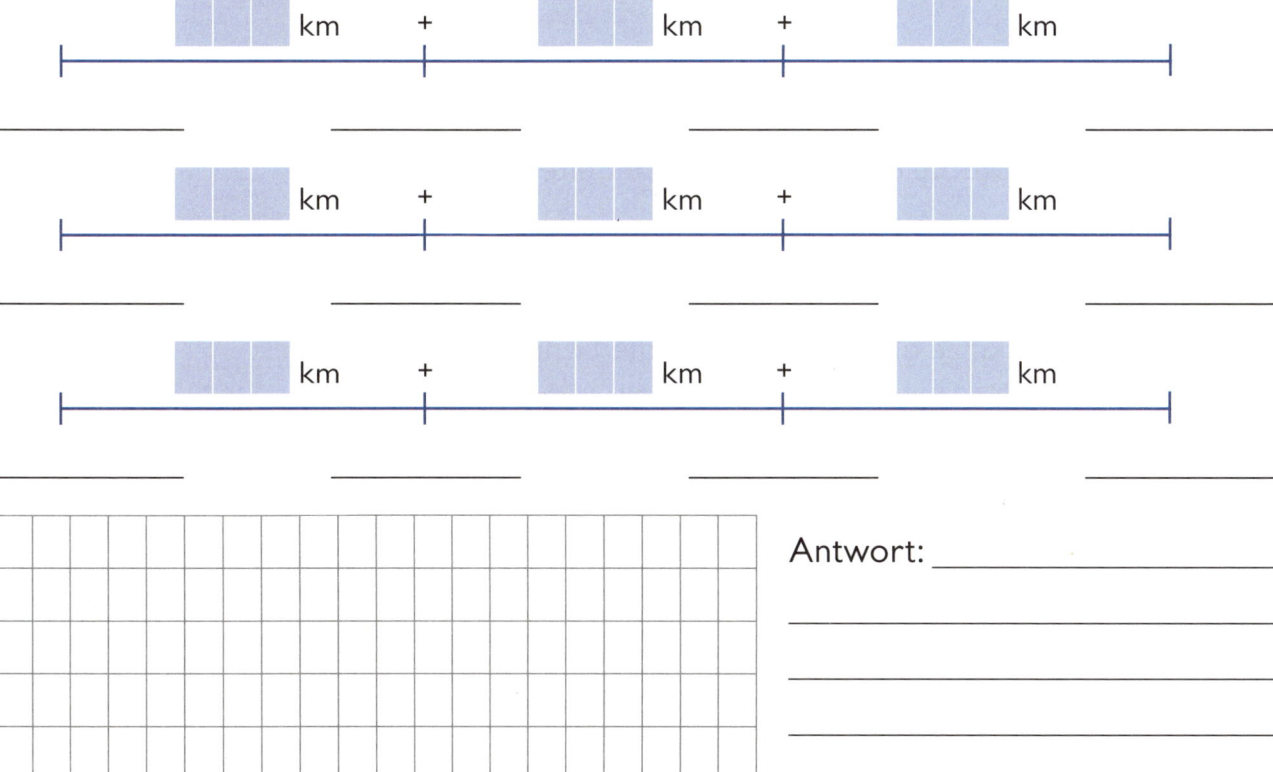

| | km | + | | km | + | | km |

_____ _____ _____ _____

| | km | + | | km | + | | km |

_____ _____ _____ _____

| | km | + | | km | + | | km |

_____ _____ _____ _____

Antwort: _____

_____

_____

_____

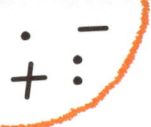

1 Tom war mit seinen Eltern auf einer Städterundreise.

a) Nach der Reise will er sein Reisetagebuch vervollständigen. Schau auf der Reisekarte Seite 71 nach und trage ein.

b) Wie viele Kilometer ist die Familie in der ersten Wochenhälfte (Mo. – Mi.) gefahren?

c) Sind sie in der zweiten Wochenhälfte (Fr. – So.) mehr Kilometer gefahren?

Mein Reisetagebuch		
Tag	Strecke	Entfernung
Mo.	Görlitz–Dresden–Leipzig	210 km
Di.	Leipzig–Erfurt–Leipzig	
Mi.	Leipzig–Magdeburg–Hannover	
Do.	Ruhetag	
Fr.	Hannover–Hamburg	
Sa.	Hamburg–Berlin	
So.	Berlin–Dresden–Görlitz	

Aufgaben **b)** und **c)**:

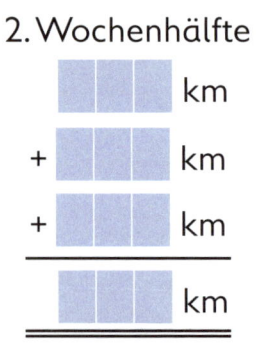

1. Wochenhälfte

☐☐☐ km
+ ☐☐☐ km
+ ☐☐☐ km
—————
☐☐☐ km

Vergleiche:

< oder > ?

2. Wochenhälfte

☐☐☐ km
+ ☐☐☐ km
+ ☐☐☐ km
—————
☐☐☐ km

Antworten **b)** und **c)**: _____

_____

2 Erzähle eine Rechengeschichte. Die Reise beginnt in einer Stadt, führt durch zwei weitere Städte und endet in einer dritten. Suche dir die Städte auf der Reisekarte Seite 71 aus.

Rechengeschichte: _____

_____

Fertige eine Skizze an und berechne die Länge des Reiseweges:

☐☐☐ km   +   ☐☐☐ km   +   ☐☐☐ km

_____   _____   _____   _____

Aufgabe:							

Antwort: _____

_____

_____

1: Entfernungen finden, eintragen und addieren; vergleichen   2: Sich eine Geschichte ausdenken und dazu die Skizze vervollständigen; Entfernung berechnen und antworten

SB 140–141 **TÜ** 62–63

Multiplizieren und Dividieren – Sachaufgaben

1

Auf dem Parkplatz vor dem Zoo stehen 30 Reihen für je 25 PKW zur Verfügung.
Für Reisebusse gibt es nur 12 Reihen mit jeweils 20 Plätzen.
Wie viele Fahrzeuge passen insgesamt auf den Parkplatz?

Aufgabe:

Antwort: _____

2 Der Kassierer am Parkplatz hat 169 Parkkarten für PKW und
96 für Busse verkauft. Wie viel Geld hat er eingenommen?

Aufgabe:

Antwort: _____

3 In der Aquariumhalle des Zoos wird ein Aquarium gereinigt.
In dem Aquarium sind 940 l Wasser.
Der vierte Teil dieser Wassermenge ist bereits abgelassen.
Wie viele Liter Wasser sind noch im Aquarium?

Aufgabe:

Antwort: _____

1 Für den Zoobesuch hat die Lehrerin von den 40 Kindern der 3. Klassen insgesamt 320 € eingesammelt. Wie viel Euro hat jedes Kind bezahlt?

Aufgabe:

Antwort:

_____

_____

2 Für die Fütterung der Tiere im Streichelzoo benötigt der Tierpfleger täglich 70 kg Gemüse. Im Lager sind davon noch 560 kg vorhanden. Reicht diese Menge für eine Woche?

Aufgabe:

Antwort:

_____

_____

3 Der Tierpfleger bringt mit dem LKW Löwen aus dem Leipziger Zoo in den Rostocker Zoo. Die Tankanzeige im Auto meldet, dass im Tank noch 160 l Diesel sind. Die Fahrstrecke von Leipzig bis Rostock beträgt 350 km. Reicht der Tankinhalt für die Hin- und Rückfahrt, wenn das Auto 20 l pro 100 km verbraucht?

Aufgaben:

Antwort:

_____

_____

4 Zwei Wände im Zookino werden mit Holzplatten neu verkleidet. Eine Wand ist 960 cm breit. Dafür will der Tischler Platten mit einer Breite von 60 cm verwenden. Die andere Wand ist nur 720 cm breit. Hier nimmt er Platten, die 40 cm breit sind. Wie viele Platten werden von jeder Sorte benötigt?

Aufgaben:

Antwort:

_____

_____

_____

Aufgaben zum Knobeln

1 Leo, Clara, Tim und Ella stellen sich der Größe nach in einer Reihe auf. Das größte Kind steht am Anfang. Ella ist weder das größte noch das kleinste Kind. Leo und Clara stehen nebeneinander. Sie sind kleiner als Tim. Leo ist größer als Clara. In welcher Reihenfolge stehen die Kinder?

Name: _____

2 Max hat diese Dominosteine. Er legt sie so, dass die Summe der Augen der Dominosteine in jeder Zeile und in jeder Spalte 15 beträgt. Wie hat Max die Steine gelegt? Zeichne die Augen in die Steine ein.

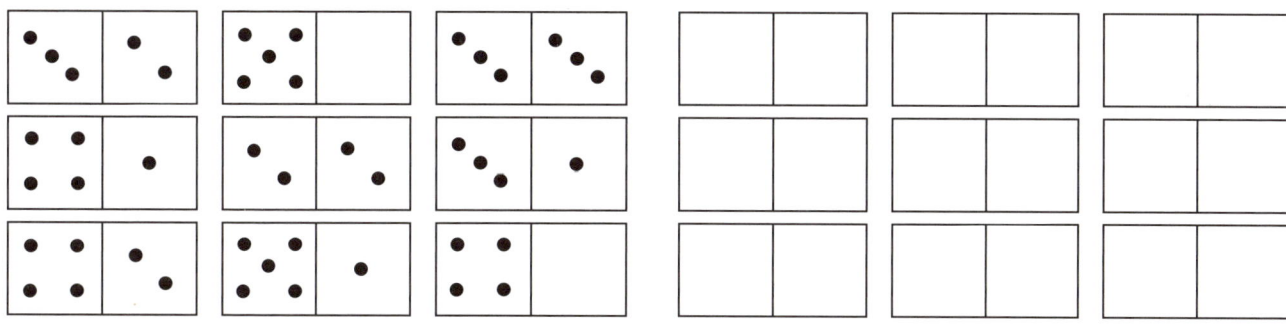

3 Die Summe aus drei Zahlen beträgt 666.
Die erste Zahl ist 210.
Die zweite Zahl ist um 60 kleiner
als die dritte Zahl.
Berechne die zweite und die dritte Zahl.

4 Zeichne in die Netze eines Spielwürfels die fehlenden Augen ein.

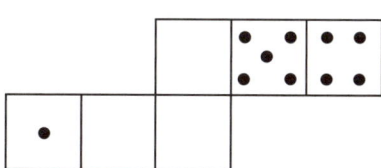

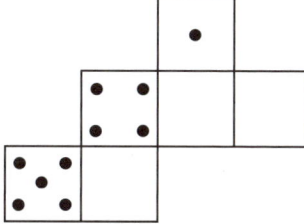
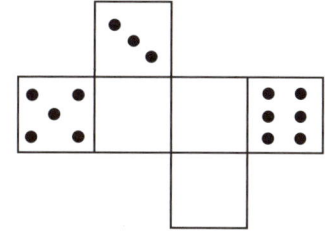

5 Anna lässt ihren Drachen steigen. Ben fragt sie nach der Länge ihrer Drachenschnur. Anna antwortet: „Wenn ich fünfmal so viel Schnur hätte und davon die Hälfte abschneiden würde, dann wäre die Schnur 100 m lang." Wie lang ist Annas Drachenschnur?

Antwort:

_____

Inhaltsverzeichnis

Die Aufgaben sind so nummeriert: 1

Hier ist es etwas schwieriger: 1

So erkennst du eine kniffelige Aufgabe: 1

Auf den blauen Zetteln
findest du die Lösungen: 543